中学校数学サポートBOOKS

中学校数学科
Before & After 指導案でみる

実践!
全単元の
問題解決
の授業 早勢 裕明 編著

JN048259

明治図書

はじめに

　「主体的・対話的で深い学び」は，中学校学習指導要領数学科の目標に示された資質・能力を育むための授業改善の視点です。型に拘泥せずに浮き足立つことなく，不断に「問題解決の授業」を実践し，多くの生徒に考える楽しさを実感させていただきたいと願っています。今次，改訂された学習指導要領や解説には，「創造」「統合的・発展的」「簡潔・明瞭・的確」という言葉や学習過程のイメージが示されています。これらから，中島健三氏（復刻版　算数・数学教育と数学的な考え方，2015）が述べる次の「創造的な学習指導」の言葉を連想するのは私だけではないはずです。

　　「算数や数学で，子どもにとって新しい内容を指導しようとする際に，教師が既成のものを一方的に与えるのではなく，子どもが自分で必要を感じ，自らの課題として新しいことを考え出すように，教師が適切な発問や助言を通して仕向け，結果において，どの子どもも，いかにも自分で考え出したかのような感激をもつことができるようにする」（下線筆者）

　このような「問題解決の授業」の頻度を増し，裾野を拡げることを通して，生活単元学習や数学教育現代化運動の時代の批判を乗り越え，時代は追いついたと実証する，そして，この次の10年にバトンをつなぐことが，現在の我々数学教師に与えられたミッションと考えています。

　「問題解決の授業」は，教師が提示する「問題」をきっかけとして，生徒が目的意識をもって「課題」を見いだし，みんなで表現し合って考え続けていきます。これは，「主体的な学び」であり「対話的な学び」に他なりません。そして，みんなで考え合うことで，自分とは異なる考えに触れ，自分の考えを相対化しながら，よりよい考えに高めたり，本質を明らかにしたりして，本時の目標を達成する「深い学び」を実現させるのです。

　しかし，このような「問題解決の授業」は日常化してこそ，数学的な見方・考え方を働かせることが繰り返され，生徒に自らの学習を調整しながら知識・技能や思考力・判断力・表現力，学びに向かう力・人間性の資質・能力をバランスよく育むことができます。

　本書は，「問題解決の授業」に踏み切ろうとされている若手の先生や学生をイメージして，Before と After の指導案を比較する形で，「問題解決の授業」を日常化する勘所やちょっとしたコツを浮き上がらせ，できるだけわかりやすく提案したいとの思いで作成しました。

　第1章では，「問題解決の授業」の構想の仕方などを簡潔に述べています。詳細については参考文献をご覧願えますと幸いです。第2章では，「問題解決の授業」を日常的に実践している6名のメンバーが教科書のすべての単元について1～2時間の事例を提案しています。どの事例もメンバーで指導案を検討し，授業実践を踏まえて，トリッキーではないか，日常化できるかなど，何度も侃々諤々と協議したものです。何か一つでも参考にしていただき，ご自身なりの「問題解決の授業」をアレンジ願えましたら，私たちにとってこの上ない喜びです。

令和元（2019）年8月31日　編著者　早勢裕明

Contents

4

Before

第1章

Before&After 指導案で
「問題解決の授業」が
もっとうまくいく！

After

● 「主体的・対話的で深い学び」と「数学的活動」との関係は？

平成29年告示の中学校学習指導要領解説数学編（以降，解説数学編）第1章総説「改訂の基本方針」には，次のような言葉があります（以降，下線筆者）。

　授業の方法や技術の改善のみを意図するものではなく，児童生徒に目指す資質・能力を育むために「主体的な学び」，「対話的な学び」，「深い学び」の視点で，授業改善を進めるものであること。(p.4)

主体的・対話的で深い学びは，数学科の目標に示された資質・能力を育むための授業改善の視点です。その学びの実現が目的なのではなく，型に拘泥することなくその視点をしっかりと意識して，不断に授業改善に取り組むことが求められています。

平成29年告示中学校学習指導要領（以降，学習指導要領）の数学科の目標は，数学的な見方・考え方を働かせ，数学的活動を通して，(1)～(3)の柱書きに示された数学的に考える資質・能力である「知識及び技能」，「思考力，判断力，表現力等」，「学びに向かう力，人間性」を育成すると読めます。また，解説数学編には，次のような記述もあります。

　※資質・能力の育成に向けて，数学的活動を通して，生徒の主体的・対話的で深い学びの実現を図るようにすること。(p.162)

　※数学的活動は，基本的に問題解決の形で行われる。(p.172)

これらから，私は，端的にいうと次のように捉えています。

数学科の目標 ← 主体的・対話的で深い学び ← 数学的活動を通した指導 ＝ 問題解決の授業
〔資質・能力〕　　　〔授業改善の視点〕　　　　　〔学習指導の基本的な考え方〕

数学科の目標の資質・能力を育むために，「主体的・対話的で深い学び」の視点で授業を改善する。

「主体的・対話的で深い学び」は，「数学的活動」を通して実現する。

そして，「数学的活動を通した指導」は，基本的に「問題解決の授業」で行う。

数学的活動とは，「事象を数理的に捉え，数学の問題を見いだし，問題を自立的，協働的に解決する過程を遂行すること」（解説数学編，p.23）ですから，問題解決そのものと考えられます。また，「問題解決の授業」ともいえる「数学的活動を通した指導」について，永田氏は次のようにも述べています。

　「一部の教師」ではなく「より多くの教師」が，「特別な授業」ではなく「普段の授業」で数学的活動を通した指導に取り組み，多くの子どもがその指導を受けて数学を学ぶことができるようになることが必要なのです。(永田，2018)

まさに，私の長年の思いを代弁してくださった言葉です。「問題解決の授業」の頻度を増し裾野を拡げ，多くの子供たちに数学の授業を通して「考え合う楽しさ」を伝えたいのです。

「問題解決の授業」の基本的なイメージとは？

(1)「問題解決の授業」とはどのような授業か？

　「問題解決の授業」は，教師主導による「説明とドリルの授業」や「連想ゲームの如き一問一答の授業」，「転ばぬ先の杖を何本も与える授業」と決別する「考えさせながら教える授業」ともいえます。私は，次の2人の「問題解決の授業」の定義に賛同しています。

> ・問題を提示することから授業を始め，その問題の解決過程で新たな知識や技能，数学的な見方や考え方などを身に付けさせていく学習指導（相馬，1997）
> ・授業の目標を実現するために，子供が目的意識をもって主体的に問題の解決に取り組み，その過程で新たな知識や技能，数学的に考え表現する力などを身に付けることができるようにする授業（永田，2018）

　「問題解決の授業」では，授業のはじめに「問題」を提示し，それをきっかけとして本時の目標に対応する指導内容である「課題」を生徒にとって必要感があるように明確化し，個人や集団で「課題」の解決に向かって考え合います。「問題」や「課題」を解決する過程で，生徒は新たな知識や技能，数学的な見方・考え方などを身につけていきます。そして，その授業での目標が達成されるとともに，数学的に考える資質・能力を身につけていくのです。

　学習指導案の各段階を問題解決の過程にすればよいという型にはまった特別な授業ではありません。私は，「問題解決の授業」の基本的な1単位時間の流れを次のように考えています。

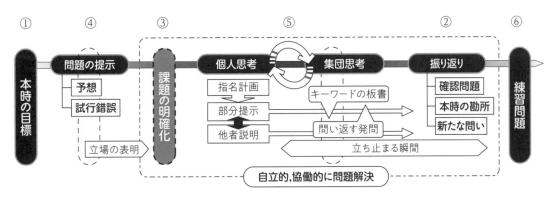

図1　「問題解決の授業」の基本的な流れ

　相馬氏は，数学の「よい授業」とは何かについて2つのポイントを挙げています。

> I　生徒が主体的に取り組み，考え続けている授業
> II　目標が適切に設定され，それが達成される授業（相馬，2016）

　私は，この「よい授業」は「問題解決の授業」によって実現できると考えています。

(2)「問題解決の授業」の学習指導案を構想する手順は？

　授業とは，本時の目標の達成をめざす教師の意図的・計画的な営みです。「問題解決の授業」を構想して学習指導案をつくるときも，形式的に「導入→展開→終末」の順に考えていくので

はなく，図１の①〜⑥の順番に検討すると，目標と指導と評価を一体化でき，指導のブレやズレを防ぎやすくできます。もちろん，同時にいくつかの部分を検討しても構いません。

①「本時の目標」を十分に吟味して設定する

　解説数学編を熟読するとともに，教科書の意図を読み取り，教師用指導書なども参考にして，達成したかどうか判断できるような生徒の具体的な姿で「本時の目標」を設定します。

　特に，「〜を理解できる」や「〜を考えることができる」という表現の目標は要注意です。「n角形の内角の和について理解できる」ではなく「n角形の内角の和が$180 \times (n-2)$°になることを説明できる」とすれば，評価規準のB規準を作成したことと同様とも考えられますし，生徒の姿から目標の達成が判断できるため，具体的な授業改善にもつなげることができます。

②授業の終末での「振り返り」の仕方を考える

　教師が一方的に「まとめ」を板書するようなお下げ渡しではなく，教科書の活用も含め，本時の目標に正対させて，集団思考で出た考えのキーワードなどの板書をもとに，生徒の気づきを生かすことができる「振り返り」にします。

　終末での振り返りは本時の目標でねらうゴールとも言えます。「深い学び」の視点では，既習の知識と結びつけて捉え直して知識や方法（見方・考え方）を統合し，さらに発展させるなど，振り返りを含む授業の終末は重要になると考えられます。

　永田氏は，振り返りの例として，次の３つを挙げています。授業の目標や指導内容に応じて検討したいものです。

> 例１）なぜ問題を解決できたのか（解決のツボ），その発想はどこから導かれたのか（ツボの出所）を確認する。
> 例２）別の問題に適用する。
> 例３）問題を発展的に捉え，新たな活動の端緒をつかむ。（永田，2018）

③本時の「課題」を検討する

　学習指導案には，「課題」は本時の目標を生徒の言葉に翻訳するつもりで表現しておきます。しかし，授業では，「問題」をきっかけとした生徒たちとのやりとりから，必要感と自然さに配慮しつつ，生徒の言葉を生かし，教師の主発問としての「課題」を板書します。

　「課題」は「問題」をきっかけとして，生徒が「主体的な学び」に取り組むために，必要感や必然性のある流れで明確化することが大切です。「問題」を提示した教師が「課題」までも提示するのでは，やらされ感満載で不自然です。まして，「課題」を明確化した直後に丁寧すぎる解決方法の見通しをしてしまうと，考える楽しさまで奪いかねません。授業を構想する際には，教師の意図ともいえる本時の目標がねらう生徒の姿や活動を引き出す主発問として捉えるとよいでしょう。図１では，３か所に で「課題の明確化」を位置づけています。文字式などを示して「計算の仕方を考えよう」と「問題」と一緒に「課題」を提示することもありますし，個人思考や集団思考の途中で「どちらが正しいのかな？」や「いつでもこの方法でできるのかな？」などと「課題」が明確になることもあると考えているからです。

④導入で教師が提示する「問題」と「問題提示」の仕方を検討する

　<u>「問題」は，生徒たちから「課題」を引き出すきっかけとなるよう，教科書を比較したり実践事例の本などを参考にしたりして，学級の実態を考慮して工夫するとともに，効果的な提示の仕方を考えます。</u>

　生徒が主体的に学ぶ姿とは，「問題や課題について自分事として考え続ける姿」とも言い換えることができます。そのため，「生徒に立場を表明させて理由を問う展開」を基本としたいと考えています。立場を表明することで，まずは生徒たちにとって自分事になるからです。そこで，「問題」を次のような「決定問題」の形で提示することが効果的です。

> A　求答タイプ　「～はいくつか」など　　B　選択タイプ　「～はどれか」など
> C　正誤タイプ　「～は正しいか」など　　D　発見タイプ　「～はどんなことがいえるか」など（相馬, 2017）

　そして，教師が「どうして？」「本当に？」「偶然じゃない？」などと問い返すことで，生徒は「だって…」と自分事として考え続けようとします。このタイミングで「じゃあ，そこをはっきりさせようか！」とか「証明しよう！」と投げかけると，比較的自然に学級全体で「課題」を明確にでき，生徒の「主体的な学び」を始動させられると考えているのです。

　導入で教師が提示する「問題」をつくるのには，次のような4つの工夫が考えられます。

> ⅰ）直観的に予想できるような「問題」にする。（異なる予想が生じるとなおさらよい）
> ⅱ）生徒が行いがちな「本当らしい誤答」を意図的に取り入れて「問題」にする。
> ⅲ）数値，図の向きや大きさなどを工夫し，つまずきが生じるような「問題」にする。
> ⅳ）教科書を逆から教える発想で教科書の途中の記述や練習問題を「問題」にする。

　「問題」や「問題提示」の工夫は，日々継続できる教材研究に止まらず，授業で生徒の数学的活動を誘引して「本時の目標」の達成に向かわせる重要なしかけの構想に他なりません。

⑤協働的な問題解決となるように「個人思考」と「集団思考」を構想する

　数学的活動は自立的，協働的に解決する過程を遂行することですが，「個人→集団」と順次段階的に進むとは限りません。自分なりの考えを暫定的にもち，集団で考え合い，要所要所で立ち止まり，個人やペアで考え，また集団で練り合う。そしてよりよい考えに高めたり，事柄の本質を明らかにしたりする「対話的な学び」になるよう，教師は適切に仕向けるのです。

　「個人思考」について<u>は，教師の意図する生徒の反応を明確にするとともに，生徒たちの反応を可能な限り想定して，教師が期待しない反応への対応策も考えておきます。授業中には，集団思考で取り上げる考えの指名計画を立てながら机間指導をします。</u>

　授業は既習事項を使って未習の内容について考えるのですから，個人思考にいくら時間をかけても自力で解決できるとは限りません。むしろ「途中まで」や「つまずき」を生かし，授業の肝ともいうべき集団思考で個々の考えを表現し合い，みんなで解決していくことが「対話的な学び」につながります。「まず，生徒が自分なりに考えてみる時間」と捉え，あまり多くの時間をかけないようにしたいものです。

個人思考の時間，教師はつまずいている生徒の個別指導に終始することなく，机間指導で生徒の考えを把握し，集団思考でどの考えをどの順番に，どのタイミングで取り上げるかなど，「対話的な学び」をどのように展開するかを構想したいものです。

　「集団思考」については，授業中に，本時の目標に強引にでも生徒の反応を関連づけるよう，学級全体へ問い返し，生徒の発言を強調，確認してキーワードを板書しながら，生徒たちで見いだしたと思えるように仕向けることが大切です。

　集団思考は，生徒が他者との協働を通じて自らの考えを相対化する場面であり，「問題解決の授業」の山場といえます。教師は，本時の目標達成に生徒の反応を強引にでも関連づけるという覚悟で，生徒たちで見つけたと思わせるよう，明確な意図を持続する必要があります。

　また，指導案に生徒の反応をどれだけ想定できるかで，授業中の教師の平静さが決まります。そして，授業では指名計画を基に集団思考をファシリテート（発言や参加を促し，話の流れを整理したり参加者の認識の一致を確認したりする形で介入）します。その際，生徒の発言を適宜止めながら，キーワードや囲み，矢印やアンダーラインを色チョークで板書し，状況とともに見方・考え方を顕在化することが肝要です。

　生徒の考えの取り上げ方には，次のようなタイプがあります。

> ａ．いくつかの考えを並列的に取り上げたあと，「共通点や相違点，関連性」を問い，話し合う。
> ｂ．教師がねらう正答（A）と，誤答など教師がねらいとしない考え（non A）を取り上げたあと，「どちらが正しいか」「どちらに賛成か」などと問い，続けていくつかの考えや立場を明確にして説明させる。
> ｃ．最初に誤答など教師がねらいとしない考え（non A）を取り上げ，「どこがダメなの？」などと問い，修正し合いながら教師がねらう正答（A）を見いだすように説明をつないでいく。

　このように，複数の考えや表現を比較してみんなで考え合うことで，「あー！」「なるほど！」などの声が教室にこだまし，自分たちで見つけたと感じる集団思考になるのです。

⑥本時の目標の達成を確かなものにする「練習問題」や「宿題」を検討する

　集団思考で見いだしたことを確かめたり，試したりする「確認問題」も検討し，問題や課題の解決のポイントとなる事柄や見方・考え方をまとめたり，練習問題に取り組んだり，問題を発展的に捉えたりさせます。

　「振り返り」は，まとめとして必ず文章化するとは限りません（②参照）。集団思考ですでに板書されていることの確認や教科書の活用も大いに考えられます。また，練習問題は教師にとっての評価場面にもなります。気を抜かず，本時の目標と正対した取扱いをしたいものです。導入問題の解決を終えてもちょっと不安な生徒や自力ではできなかったけどみんなの説明を聞いてわかる生徒もいるはずです。そこで，確認問題を一題位置づけてはどうでしょうか。ただ，この一題を教師の逃げ道に使ってはいけません。

　確認問題の位置づけ方には，次の２つが考えられます。

> ア「教師の意図に収束させる確認問題（確かめてみよう！）」→「まとめ」→「練習問題」
> イ「まとめ」→「練習問題の１題目としての確認問題（試してみよう！）」→「練習問題」

（3）Before&After 指導案って？

　Before&After 指導案といっても，2つの指導案をつくるわけではありません。はじめから After のような「問題解決の授業」が構想できるように，日々の授業実践を踏まえた指導案への改善点の朱書きなどを通して，日常的な授業改善に向けた一人授業研究が大切なのです。

　ですから，次のいずれかの捉え方で，第2章をご覧いただきたいと思います。

　・Before の改善指導案が After（Before への朱書きを加えたもの）

　・Before の行間を埋めたものが After（Before に教師の腹案を加えたもの）

　・Before で生徒が停滞したら After（Before は理想だが現実的な対応を加えたもの）

①なぜ，Before&After なのか？

　Before&After で指導案を示すのは，「問題解決の授業」に踏み切れない先生方に，「問題解決の授業」を日常化するためのポイントや，ちょっとしたコツをできるだけわかりやすく伝えたいという願いから，平林氏の次のような言葉をきっかけとして考えたものです。

> 「分類」とか「類別」とかいうことが，もっとも基本的な知的活動である。（中略）
> この活動の基礎になるのは，対象の「同」と「異」の弁別である。
> 同異の弁別はふつう「比較」といわれる心的活動のもっとも素朴な形態である。（平林，1975）

　比較が同異を弁別する最も素朴な心的活動なのですから，比較を意図的に仕組むことで，考える対象が具体的になって，理解につながるのではと考えたからです。もちろん，授業でも生徒の考えや表現を比較する場面を位置づけることが極めて有効なはずです。

② After 指導案における授業構想の基本的な考え方

ア　教師は教室で最後に納得する存在を演じる

　「問題解決の授業」で大切なことは，「教師が適切に仕向け，生徒がいかにも自分たちで見いだしたと思わせる」ことです。After では，目標に迫る授業の山場で「立ち止まる瞬間」を意図的に位置づけ，生徒に部分提示させながら，他者説明をつないでいくことで，授業の状況や文脈を踏まえつつ，みんなで考え合う協働的な問題解決を意識しています。そのため，教師は本時の目標に直結する「それを言っちゃおしまいよ」ということは言わずに，生徒から引き出そうとします。教師は教室で最後に納得する存在を演じると肝に銘じるからです。

イ　生徒の内言のモデルとなるよう「発問」を精選する

　授業は，本時の目標を達成するために行う教師の意図的な指導です。「生徒が勝手に動いてくれるだろう」という思いでは甘すぎます。「教師がこのように働きかけることで，生徒がこのように動く」という因果関係で具体的な手立てを構想しなければなりません。その中でも，授業で最も多用されるのは「発問」です。それは生徒が自問する際の「問い」のモデルになり，次第に生徒の内言として獲得されていくものです。「問題解決の授業」は，生徒の自問自答のモデルそのものともいえます。だからこそ After のような授業では，精選された発問を用意し，しかも，その発問を投げかけるまでに計算された段取りが必要なのです。

学習活動（●教師，○生徒）と評価（※）

| 学習活動（●教師，○生徒）と評価（※） |

問題

　右図のように，1辺に x 個の碁石を並べて，正方形をつくります。碁石全部の個数の求め方を考えてみましょう。

●1辺2個，3個，4個…と順に求めてみよう。
　○2個→4個，3個→8個，4個→12個
●何か気がついたことはないかな？
　○4個ずつ増えていく。
　○表や図を使って考えたらできそう。
● x 個ならどんな式で表せるのだろうか？
　図を使って考えていこう。

課題

　碁石の総数を求める式をつくろう。

●グループで x を使った式に表してみよう。
　（途中で図だけ板書させる）
●では，みんなで考えていこう。

① ◯ が（$x-1$）個
　で，4つあるから，
　　$4(x-1)$

② ◯ が（$x-2$）個
　で，4つあるから，
　まず，$4(x-2)$ 個
　まだ4個あるから，
　　$4(x-2)+4$

③ ◯ が x 個だから，
　4辺で，$4x$ 個
　角の碁石を2回
　数えているので，
　4個ひいて，
　　$4x-4$

●3つの式を比べて，どんなことがいえるかグループで話し合ってみよう。
　○計算すると，どれも，$4x-4$ になる。
●今日の学習を振り返ってまとめをしよう。

式を見ると，考え方が読み取れる。

練習問題

　右図のように，碁石を1辺に x 個並べて，正三角形をつくります。碁石全部の数を表す式を3種類つくろう。

学習活動（●教師，○生徒）と評価（※）

問題

　右図のように，1辺に x 個の碁石を並べて，正方形をつくります。碁石は全部で何個必要でしょうか。

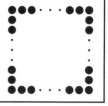

●正方形の周りの長さは，どうやって求めるの？
　○（1辺の長さ）×4 ◁ Point1
●1辺が6個なら $6×4＝24$ になるから $x×4$ で $4x$ 個ということかな？
　○6個なら20個だよ。
　○辺の長さとは違う。頂点の4個が問題。
　○ x を使って式にすればいい。

課題

　碁石の総数はどんな式になるのかな？

●ノートに自分の考えをメモしてみよう。
　→「線で囲んでいるんだ」「ここ囲まないの」などとつぶやきながら机間指導する。
　→途中で①と②の式だけ板書させる。
●まだ考え中かもしれないけど，みんなで考えていこう。 ◁ Point2
●① $4(x-2)+4$ ってどう考えたかわかる？
　○ ◯ が $x-2$ 個だよ。
　○まず，$4(x-2)$ 個
　○角の4個をたさなきゃ。
　→板書に加筆しながら問い返す。（囲みはつけず提示）
●② $4x-4$ の考えは？
　○ ◯ が x 個で，$4x$ 個
　○角がダブっているよ。
　○2回数えてるから -4。
●「＋4」とか「－4」って何？
　○角の4個のこと。（囲みはつけず提示）
　○①は ◯ ×4での不足分を $+4$ ◁ Point3
　○②は ◯ ×4での重なりを -4
●③の図はどんな式になるかな？
　○ $4(x-1)$
●えっ，どうして？
　○ ◯ が（$x-1$）個。
　○それが4つあるから，
　　$4(x-1)$ になる。
●3つ式が出てきたけど，本当に全部同じ数なの？
　○計算したら全部 $4x-4$ になる。
　○式から考え方がわかるから大丈夫。
●式のよさだね。次の式の考えはわかる？

練習問題

　(1) $2x+2(x-2)$　(2) $x^2-(x-2)^2$

●正五角形に変えたら，どうなるのかな？

　前ページの Before&After 指導案をご覧ください。本時は第1学年の指導内容で，目標は「碁石の総数を表す文字式を図と関連づけて説明できる（思考・判断・表現）」です。

Point1　**問題を求答タイプにし，誤答を提示することで課題の明確化を自然にする**

　Before では，問題が「個数の求め方を考えてみましょう」となっており，生徒が「そんなこといわれても…」と感じかねません。「1辺2個，3個，4個…と順に求めてみよう」の発問も，生徒が表をつくり関数的に捉え始めると教師の意図とズレてしまいます。「何か気がついたことはないかな？」は，生徒の忖度頼みで，課題の明確化までが遠い印象です。After は，問題を「何個必要でしょうか？」と求答タイプにして，生徒が1辺6個なら20個などと試行錯誤できます。正方形の周長は（1辺）×4なので$4x$という誤答を提示することで，試行錯誤の結果とのズレから「違う！」という声につなげ，「正しい式はどうなる？」と課題を比較的短い時間で明確にできます。この時間短縮により集団思考，確認問題にゆとりを生み出すことができるのです。課題の表現も「～しよう」（Let's）よりも「～どんな式になるのかな？」（Question）とした方が，生徒の自問のモデルになりやすいと思います。

Point2　**最初の考え①を式から図を推測する流れで取り扱い，試行錯誤しやすくする**

　Before では，個人思考で3つの図を板書させて部分提示とし，個々の考えを促そうとしていることはよいと思います。しかし，図から式を考える流れは一つしかない式をつくらなければならない印象となり，苦しく感じる生徒もいるようです。もし式がつくれなくて停滞したら，教師は「ここの囲みはどのように表される？」などと誘導的な一問一答をしかねません。After は，$4x-4$という式だけを部分提示し，「どのように考えたと思う？」と発問することになります。生徒は図をいろいろに囲み試行錯誤できるのです。この方が停滞を招きづらく，気持ちも楽なのではないでしょうか。教師も「-4って何？」などと問え，誘導色を薄めることができます。③の考えは図から式の流れにすることで，式から図だけでなく双方を関連づけて説明するという本時の目標に，より迫ることができるのではないでしょうか。

Point3　**3つの式が同じ個数を表しているのかを問い，式の計算を促して統合する**

　Before では，「3つの式を比べて，どんなことがいえるか？」と発問していますが，停滞の危険性を感じます。また，グループ活動にしていて，生徒一人ひとりの気づきになるかも不安です。さらに振り返りで，まとめの文章「式を見ると，考え方が読み取れる」をノートに書いても，今後の学習で果たして見返すでしょうか。三角形を練習問題にすることも図から式の流れであり，式から図の流れで考えることは大丈夫でしょうか。本時の目標の達成は，文字式と図を関連づけて説明できる姿で評価しなければならないはずです。After は，図と関連づけた式が3つできたが，「本当に同じ個数なの？」と問い，計算で確認することを促しています。同じ式に統合できることをも踏まえて，碁石の総数を表す式表現は多様にあるという式のよさの実感にもつなげることができます。振り返りは別の式についても図と関連づけて読み取ることができるか，本時の目標に正対した扱いになっています。

(4)「問題解決の授業」をより日常的に実践するために

「問題解決の授業」に踏み切れない先生方の多くが特に不安を感じている個人思考と集団思考について,「問題解決の授業」を日常的に実践している先生方のコツを紹介します。

① 個人思考がうまくいくいくつかのコツ

ア 復習や確認は必要に応じて

多くの生徒がつまずいていたり,停滞していたりする状況を机間指導で把握することもあります。そのようなときには,教科書やノートで既習事項の確認を促したり,全体で復習をしたりするのも大切です。ただ,毎時間,授業の最初に本時の学習に必要な既習事項を復習や確認することは,生徒が数学的な見方・考え方を働かせる機会を奪うだけでなく,主体的で深い学びをも邪魔しかねません。大切なのは「必要に応じて」ということです。

授業では,次のように教師が働きかけることが考えられます。

□ 考えが途中の生徒や考え付かない生徒に,
 ・「途中まででいいので教えて」と指名し,話させる。
 ・「今,当てられたら困る人」と挙手させ,困っていることを話させる。
 ・「へー,○○している人もいるんだね」と教師が意図する考えのヒントをつぶやく。
□ 教師の意図する考えで取り組んでいる生徒に,
 ・図や式など,自分の考えの一部を板書させる。
 ・ヒントとなる生徒のノートの一部を実物投影機などで投影する。
 ・机間指導で「何をしているの?」などと語りかけ,会話を他の生徒たちのヒントにする。
 ・「悩んでいる人にヒントをいって」と話させる。

自分の考えや気づいたことを積極的にメモさせるノート指導も大切です。机間指導で見逃した考えを把握できますし,ノートを回収して生徒の思考過程を確認できるからです。

イ 個人思考の途中で,集団思考で取り上げる考えの一部の板書を

個人思考の間に,集団思考で取り上げる生徒の考えの一部を板書させると,つまずいている生徒にとってはヒントになります。また,集団思考で生徒を指名してから板書させる時間も節約できます。ただ,考えたすべてを板書させると,発表原稿ができあがったかのようになってしまい,時間もかかり,生徒の説明も原稿を読む発表会になりかねません。

部分提示を意識して「補助線だけ」「式だけ」をかかせると,短時間で済むばかりか,他の生徒が「どうやって考えたのかな?」と考え続けたり,本人がかき足しながら説明する機会もつくれたりと他者説明につなげやすくできます。何をどの程度かかせるかが重要です。

② 集団思考がうまくいくいくつかのコツ

ア 大切なことは生徒から引き出すため,教師は問い返すことを基本に

生徒が主体的に取り組む,すなわち考え続けるには,大切なことは生徒から言わせるように仕向けなければなりません。そのため,教師は「どうして?」「本当に?」などと問い返すことを基本とし,生徒が「だって!」と言いたくなるようにしたいのです。教師がねらう考えが

生徒から出た途端，「その通り！」「大正解！」などと褒め，続けて教師が説明し直してしまっては元も子もありません。具体的には，次のような教師の働きかけが効果的です。

□　本時の目標の達成にかかわる生徒の発言を強調したり，確認したりする
　→　「えっ，今なんて言ったの！」「何，何，もう一回言って！」など
□　一人の説明を，その生徒だけで終わらせない
　→　「○○さんの考えわかる？」「同じ考えの人いる？」など
□　教師が適度にとぼける
　→　「ちょっとよくわからないなー」「へぇー，たまたまじゃないの？」など

　多くの生徒が悩んでいたり，意見が分かれたりしたとき，また，本時の大切なことを確認させたいときなど，本時の目標達成にとって必要な場面で，話し合う視点やゴールを明確にしてペアトークをさせることも有効です。このペアトークの時間は，生徒の本音トークになることも多く，教師にとって机間指導で生徒の考えを捉える絶好のチャンスになります。

イ　目標達成につながる「見方・考え方」などのキーワードの板書を

　生徒が考え続けるには，話合いを可視化するような板書が助けになります。板書は，話合いの視点や方向性を明示し，話合いを深める教師の重要な働きかけです。

　集団思考の中で出された，本時の目標達成にとって重要な見方・考え方のキーワードなどを生徒の発言を適宜止めながら強調して板書することは，数学的な見方・考え方を状況とともに顕在化し価値付けることになります。特に，次の2点は必ず板書したいものです。

□　主な発問を板書する→生徒の自問のモデル，問題解決の手順のモデルに
□　見方・考え方のポイントを板書する→見方・考え方を働かせることの指導に

ウ　板書を生かして共通点や相違点，関連に目を向けさせ，目標達成に迫る

　板書を見ながら「似ているところは？」「違いは？」「みんな同じ考えなの？」などと発問し，相違点や共通点を見いだすことで本時のまとめにつなげることができます。生徒の発言を生かして赤チョークで囲んだり線や矢印をかいたりしていきます。これらが集団思考を発表会にしない鍵でもあります。また，このような板書は，ノートに書き留められることで数学的な見方・考え方の参考書になり，振り返りたくなるノートづくりに直結するのです。

　なお，次ページに「問題解決の授業」を日常的に実践するための視点と勘所をまとめました。ご活用くださり，少しでもお役立ていただきましたら幸いです。

(早勢)

―引用・参考文献―
1) 相馬一彦 (1997)，『数学科「問題解決の授業」』，明治図書.
2) 相馬一彦 (2017)，『「主体的・対話的で深い学び」を実現する！数学科「問題解決の授業」ガイドブック』，明治図書.
3) 相馬一彦・國宗進・二宮裕之 (2016)，『理論×実践で追究する！数学の「よい授業」』，明治図書.
4) 永田潤一郎 (2018)，『中学校新学習指導要領 数学的活動の授業デザイン』，明治図書.
5) 中島健三 (2015)，『復刻版 算数・数学教育と数学的な考え方』，東洋館出版社.
6) 平林一榮 (1975)，『算数・数学教育のシツエーション』，広島大学出版研究会.
7) 早勢裕明 (2017)，『「主体的・対話的で深い学び」を実現する！算数科「問題解決の授業」ガイドブック』，明治図書.
8) 早勢裕明 (2017)，『こうすればできる！算数科はじめての問題解決の授業－100の授業プランとアイディアー』，教育出版.

本時の目標を実現し，生徒が考えることを楽しめるように，教師の意図的な指導をどのように工夫するかと授業を構想する

□ここで，こんなふうにして**不思議**がらせよう。
□こんな発問をして**困らせ**よう。
□いろいろ予想させて，どれが正しいか**迷わせ**よう。
⇒ 本時の目標に迫るため，どこで立ち止まらせ，どのようにして揺さぶろうかと構想したい。

教師が提示する導入問題をきっかけに，生徒のやらされ感を軽減して，本時の目標の実現に結び付く，学級全体で取り組む課題を設定する

□教科書の問題の「**提示の仕方**」を工夫する。
□「予想する」，「選択する」，「間違い探しする」などで，立場とポイントを明確にする。
□「見通し」は，考える楽しさを奪わないように留意し，**試行錯誤**させたり，必要感をもった既習事項の確認をしたりするようにする。

「主体的な学び」を生徒たちだけでと「活動の丸投げ」にすることなく，多くの生徒が解決に取り組めるように指導を工夫する

□導入問題は，自力での解決よりも，その解決方法を集団思考を通して理解すればよい。
□ペアトークやグループ活動，自由な交流などは，教師の明確な意図をもって取り入れる。
□生徒が停滞しているときには，次のような関わりも考慮する。
　① **誤答**を提示して，改善させる。
　② **途中まで**を提示して，続きを考えさせる。
　③ **結果**を提示して，逆向きに考えさせる。
　⇒ 個人思考の途中でこれらを板書や実物投影機で提示し，考え続けさせたい。〔部分提示〕
□数学的な表現（具体物，図，**数，式，表，グラフ**）を柔軟に用いて相互に関連付け，言葉で説明する集団思考を想定し，**自分の考えや気付きをノート**にメモさせる。
□机間指導で生徒の考えを把握し**指名計画**を立てる。教師の意図的な「つぶやき」もする。

構想・導入

個人思考

数学科の目的＝「考える力」を育むこと
⇒そのために「考える楽しさ」のある授業を！
　考えるプロセスを楽しみ，自分なりに腑に落ちる感覚を得るよう考え続ける子供の姿
★ 教師は意図的な発問等の働きかけで，生徒がいかにも自分たちで考え，気づいたと実感を！

終末

集団思考

本時の目標と正対した「振り返り」を設定し，「なぜ解決できたのか」を考えたり，「活用できるか」を確認したり，「それならば」と発展したりする

□板書などをもとに，集団思考で検討した考えの**共通点**や**相違点**を振り返る。
　① 既習事項と統合し，知識を体系化する。
　②「見方・考え方」のよさを見いだし顕在化する。
□「振り返り」の3つの活動例
　① なぜ課題を解決できたのか（**解決の勘所**），その発想はどこから導かれたのか（**勘所の根拠**）を確認する。〔いわゆる「まとめ」〕
　② 活用できるか，**別の問題に適用**して確認する。
　③ 発展的に捉え，**新たな活動の端緒**をつかむ。
□本時の目標に強引に結び付けるため，まとめの前後に「**確認問題**」を位置付けることも。
　① 教師のねらう意図に収束させる一題
　② 考えを一般化させる一題
　③ 理解をより確実にする一題
□本時の目標の実現状況を評価できるような，**練習問題**を取り扱う。
□自らの学習を調整できるよう，自らの学習の進め方についても気付けるようにすることも。

本時の目標に迫る「対話」となるよう，立ち止まる瞬間を位置付け，「もっとよくしよう！」という見方で，解決の過程や結果の質を高める

□数学科における「対話的な学び」の視点である次の2点を教師が粘り強く意識する。
　① **よりよい考えに高め合う**対話
　② **本質を明らかにし合う**対話
□具体的に考え合うために「**比較**」を意識する。
　① **異なる解答**を比較検討する。
　② 同じ解答の**異なる解決方法**を比較検討する。
　③ 同じ解決方法の**異なる表現**を比較検討する。
　④ **不完全な解決方法や解答**を改善する。
□板書された**考えの意図**を読み取らせたり，**続きを考え**させたりして，板書した生徒とは違う生徒に発言〔他者説明〕させて共有する。
□生徒の発言を止めたり，問い返したりしながら強調，確認して，**立ち止まる瞬間**をつくる。
□本時の目標に迫る考えの**キーワード**や，重要な箇所に矢印，下線や囲みを目立つように板書して，「**見方・考え方**」を顕在化する。
□教師の期待する考えが出ないときは，**教科書を活用**，生徒に考えを読み取らせ説明させる。

図2　数学科　日常授業の充実・改善の視点としての「4つの窓」

Before

第2章

Before&After 指導案でみる
「問題解決の授業」
全単元の授業展開

After

正負の数

正の数・負の数を利用して平均を求めよう！

「正の数・負の数」（全25時間）のうち，本時は第23時にあたります。正の数・負の数を利用した仮平均を用いることで，今までよりも大きな数値を扱わずに平均を求められるということを説明できる生徒の姿を目指します。

問題

次の5人の身長の平均を求めよう。

Aさん	Bさん	Cさん	Dさん	Eさん
156cm	147cm	150cm	149cm	153cm

● 授業づくりのポイント

Point1 **シンプルな問題提示にすることで，まずは何らかの解決ができるようにする**

この問題は，小学5年の既習事項を用いてまずは解決することができ，多くの生徒が安心して，最初の一歩を踏み出すことができます。また，5人が並んでいるイラストを黒板に貼り，身長の差の視覚的なイメージをもたせることで仮平均の考えを暗示しています。

Point2 **正の数・負の数を利用して平均を求めている生徒の考えの一部を提示する**

個人思考・集団思考の場面で，正の数・負の数を利用して平均を求めている生徒の考えの全部を発表させてしまうと，まだ気づいていない生徒たちは置いてきぼりになってしまう可能性があります。そこで，そのままの数値で平均を求めている生徒の考えを取り上げた後に，正の数・負の数を利用して平均を求めている生徒の考えの一部を板書して，全体に「この人の考えがみえるかな？」と問いかけます。そして，考えがみえた生徒にヒントを出させるなどして，正の数・負の数を利用した考えを学級全体で共有できるようにします。

Point3 **本時の目標達成に迫る確認問題や練習問題を設定する**

確認問題や練習問題において，導入問題よりも大きい数値や個数を多くした問題を扱うことにより，正の数・負の数を利用して平均を求める方が能率的であることを実感させようと考えました。そのうえで「そのまま計算した方が簡単ではないのかな？」と問うことで，本時の目標達成に迫る生徒の姿を引き出します。

Before

学習活動（●教師，○生徒）と評価（※）

1．問題提示

> 　5人の身長を太郎さんと花子さんは次のように求めようとしています。
> 太郎　「まずはこの5人の身長をたしてみるよ」
> 花子　「私は工夫して求めるわ」
> 　2人はどのように求めたのだろうか。
>
> | Aさん | Bさん | Cさん | Dさん | Eさん |
> |---|---|---|---|---|
> | 156cm | 147cm | 150cm | 149cm | 153cm |

● 太郎の考え方を全体で共有した後，「花子は何を考えたのだろうか？」と全体に問い，課題につなげる。

2．課題の明確化

> 　　5人の身長の平均を工夫して求めよう。

3．個人思考・集団思考

① （56＋47＋50＋49＋53）÷5
　＝＋51　・100＋51＝151
② （＋6－3＋0－1＋3）÷5
　＝＋1　・150＋1＝151

● （①と②の式のすべてを板書して）
　①と②はどのように考えたのか，みえるかな？
　（①→②の順で扱う）
　○100を基準にしたと思います。
　○基準からのズレの平均を求めています。
● ①と②の計算式を比較して，どちらが平均を求めやすいだろうか？
　　（①か②どちらがよいか挙手で学級の考え方の分布を確認したうえでペアトークさせて，生徒の発言の見取りと指名計画を練る）
　○①がよいと思います。理由は負の数がないからです。
　○②がよいと思います。理由は数が大きくならないからです。

4．練習問題

> 　次の5人の身長の平均を工夫して求めよう。
>
> | Fさん | Gさん | Hさん | Iさん | Jさん |
> |---|---|---|---|---|
> | 154cm | 148cm | 150cm | 153cm | 155cm |

● 正の数・負の数を利用して平均を求めている生徒に式を板書させ，「この人の考えがみえるかな？」と問い，ペアトークを行う。その中で，正の数・負の数を利用した平均の求め方について説明できているかどうかを，発言やノートでみとる。※

After

学習活動（●教師，○生徒）と評価（※）

1．問題提示

● （5人の生徒が並んでいるイラストを黒板に貼り）「どんな問題だと思う？」と投げかけ，生徒と少しやりとりした後に，5人の身長を伝え，「5人の身長の平均を求めよう」と板書し問題に取り組ませる。　◁Point1

2．個人思考・集団思考Ⅰ

① （156＋147＋150＋149＋153）÷5＝151
② （56＋47＋50＋49＋53）÷5
　＝＋51　・100＋51＝151
③ （＋6－3＋0－1＋3）÷5
　＝＋1　・150＋1＝151

● （①を取り上げて）この人の考え方はわかるかな？
　○全部の量を求めて，5等分して平均を求めています。
● （②と③の式の1行目のみを板書して）
　②と③はどのように考えたのか，みえるかな？
　（②→③の順で扱う）　◁Point2

3．課題の明確化

> 　　どんな工夫をしたのだろうか？

4．個人思考・集団思考Ⅱ

○100を基準にしたと思います。
○基準からのズレの平均を求めています。

5．確認問題　◁Point3

> 　次の5つの数の平均を求めよう。
> 　　400　406　398　415　391

● 400を基準にして平均を求めている生徒に求める式を板書させて，平均の求め方を生徒に説明させる（生徒の説明の中で，どうして400を基準にしたの？　など適時，問い返しをしながら他者説明をさせる）。
　○400を基準にすると計算する数値が小さいために計算が簡単だからです。

6．練習問題

> 　あるラーメン屋さんは，1日の売り上げ数を次のような表にしました。この1週間の売り上げ数の平均を求めよう。
>
> | 曜日 | 月 | 火 | 水 | 木 | 金 | 土 | 日 |
> |---|---|---|---|---|---|---|---|
> | 売上数(杯) | 257 | 237 | 250 | 242 | 263 | 269 | 267 |

● 正の数・負の数を利用して平均を求めている生徒に式を板書させ，「この人の考えがみえるかな？」と問い，ペアトークを行う。その中で，正の数・負の数を利用した平均の求め方について説明できているかどうかを，発言やノートでみとる。※

● 授業の実際

(1)本時の目標

正の数・負の数を利用して平均を求める方法を説明することができる。(思考・判断・表現)

(2)授業展開

> **ここがPOINT!**
>
> 　正の数・負の数を利用した平均の求め方の確かな理解を図るために，導入問題を拡張した確認問題，練習問題を提示し，平均の求め方について説明し合う場面を位置づける。

①問題提示・課題の明確化

　Before では問題文が長く，問題の理解にバラツキが生じることが危惧されます。そこで，5人が並んだイラストを提示し，「どんな問題だと思う?」と問います。そのうえで「平均を求めよう」と問題提示することで，生徒の思考のスタートラインを揃えることができます。また，イラストを提示することで，生徒が黒板で仮平均の求め方を全体に説明する際に，困っている生徒に対してのヒントとして，基準の線を引くなどの表現を引き出すこともできます。課題の明確化については，個人思考・集団思考Ⅰの机間指導の中で生徒の考えを把握し，その考えの一部を黒板などに提示させることで，生徒間に思考のズレを生み出して課題につなげます。

②個人思考・集団思考

　個人思考・集団思考では，仮平均を利用して平均を求めている式を，Before とは違って，部分提示して全体に問いかけます。そして，その発問に対する生徒の表情や動作をみとり，困り感をもっていそうな生徒に対して，「どのあたりで困っているの?」「同じような部分で困っている人はいる?」などと問うことで式を読むことに焦点を絞り，問題や課題の解決に向けて力を発揮しようとする生徒の姿を引き出します。

　T　② $(56+47+50+49+53) \div 5$，③ $(+6-3+0-1+3) \div 5$，
　　　この2つの式の考えはみえるかな?

　T　(挙手を求め，手の挙がらない生徒に対して)どのあたりが困っているのかな?

　S　56とかが何なのかわかりません。

　T　同じように困っている人はいますか?(挙手で生徒の理解の状況を把握する)

　T　なるほど。確かに56は黒板のどこにもないですね。

　T　困っている人に，何かヒントをいえる人はいますか?

　S　ある数を基準にしていると思います。

　S　(前に出てイラストに線を引き)こうすれば56はみえます。

　T　②の式がどういう意味なのか，みえたかな?　近くの人に伝えてみよう。

S　56というのは，100を基準にしたときの基準との差だと思います。

T　ちょっと待って。基準との差を求めても，5人の身長の平均にはならないですよね。

S　いいえ。（イラストに線を引いたものを用いて）この線よりも上の部分の平均を求めて，基準の100にその平均をたすと，5人の身長の平均を求めることができます。

T　今の説明，わかったって人はどれくらいいますか？（挙手している生徒に対して）今の説明を黒板でもう一度してください（生徒なりの表現で説明させる）。

T　では，③はどうでしょう？　この式はどのように考えたか，みえるかな？

S　③は基準を…（途中で話をさえぎって！）

T　この人の話の続きが言えそうですか？　近くの人に自分の言葉で伝えてみよう。

S　③は基準を150にして，その差の平均を求めて考えていると思います。

③確認問題・練習問題

　確認問題では，導入問題よりも数値が大きく，かつ，基準となりそうな数を1つ目に配置することで，正の数・負の数を利用して平均を求める生徒の姿を引き出します。練習問題では，扱う数の個数も増やし，正の数・負の数を利用することで計算が簡単になることを実感させます。答え合わせの中で，式を板書して「なぜこのような計算をしたの？」「この人の考えがわかる？」と問い，ペアトークを促します。その中で，正の数・負の数を利用した平均の求め方を説明させることで，本時の目標達成を確実にします。

T　では，最後にもう1題試してみましょう（練習問題を提示）。

　正の数・負の数を利用した生徒の計算式を板書させる。

T　なぜこのような計算をしたのか，この人の考えがわかるかな？

　ペアトークをさせ，生徒の発言を評価しながら指名計画を練る。

T　どうして，＋7などが出てくるのですか？

S　250を基準にしているからです。

T　そのまま計算した方が簡単ではないのですか？

S　正の数・負の数を利用した方が，正の数と負の数の加法で数が小さくなって簡単です。

（野口）

文字と式

碁石は何個必要だろう？

「文字と式」（全20時間）のうち，本時は第18時にあたります。次時は，単元末のまとめとして，「章の問題」に取り組みます。

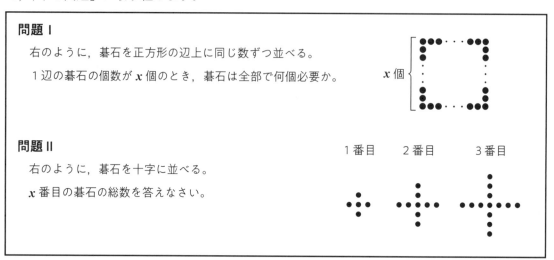

問題Ⅰ

　右のように，碁石を正方形の辺上に同じ数ずつ並べる。

　1辺の碁石の個数が x 個のとき，碁石は全部で何個必要か。

問題Ⅱ

　右のように，碁石を十字に並べる。

　x 番目の碁石の総数を答えなさい。

1番目　　2番目　　3番目

● 授業づくりのポイント

Point1　帰納的な発想から，演繹的な発想へと転換する

　規則的に並べられたマッチ棒や碁石などを文字式で表す問題では，番号と個数の変化に着目して立式することができなかったり，立式できても式の中にある数の意味が理解できなかったりするという状況に陥ることがしばしば見受けられます。特に，Ⅱのような問題では，文字式で表すことより番号に伴って変化する個数に思考が流れがちです。

　そこで，本時では，問題Ⅰを最初に扱って文字式で表し，そのような式になった理由を説明する過程で「どうやってまとまりをつくるか？」ということに視点を絞ります。生徒たちの思考の中にまとまりをつくる文脈ができた状態でⅡを扱うことで，番号と個数の変化ではなくまとまりをつくって文字式で表すことに思考が向かうようにしました。

Point2　問題ⅠとⅡの違いを生かして本時の目標の達成につなげる

　問題Ⅰは一つの図形なので，囲み方を一つ考えれば立式と結びつけることができますが，Ⅱは複数の番号で同じ囲み方について検証する必要があり，囲み方を考えていくうえでとまどう生徒も出てくることが想定されます。そこで問題提示の後に，複数の番号で同じ囲み方をしながら考えていくことをしっかりと押さえて個人思考・集団思考につなげていく必要があります。このことで，本時の目標を確実に達成する生徒の姿につなげようと考えました。

学習活動（●教師，○生徒）と評価（※）

1．問題提示（前頁の問題Ⅱ）

●問題が把握できているか確認のため，4番目の図をかかせ，交流させる。
　○4番目の碁石は17個です。
　○1番目5個，2番目9個，3番目13個
　○碁石の総数は4個ずつ増えています。
　○文字式で表せないかな？
●そうだね，文字式で表せると代入するだけで間違いも少なそうだね。

2．課題の明確化

碁石の総数はどんな式で表されるかな？

3．個人思考・課題把握

番号	1	2	3	4
碁石	5	9	13	17

　○4個ずつ増えるのは，わかったけど，比例のように2倍，3倍になってない。
●式に表せそうかな？
　○難しそうです。
　○4個ずつ増えているから，x番目は
　　$4x+\cdots$となるはず
　　$4x$に代入すると1たりないから，
　　$4x+1$
●$4x$の4は何を表しているの？
　○4個ずつ増えているということです。
●＋1の意味を説明してください。
　○意味はよくわかりません。
●意味を説明するには，図が必要ですね。
●まとまりをつくって，囲みをつくって考えてみましょう。
　○真ん中の1個を除くと，上下左右に同じ個数が並んでいる。これを囲むと…
　○十字の真ん中の1個以外を，上下左右それぞれ囲むと番号と同じ個数が入る。

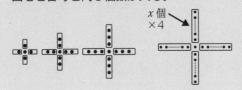
x個
×4

4．練習問題※

●他の囲み方でも式を考えてみよう。
　○縦，横を囲むと真ん中の1個が2回数えていることになるので，−1をする。
　　そう考えると式は，$2(2x+1)-1$
●これを計算すると，どうなりますか？
　○$4x+1$になりました。

学習活動（●教師，○生徒）と評価（※）

1．問題提示（前頁の問題Ⅰ）

　○どのように求めればよいかな？
　○$4x$かな？
　○式がつくれそう。

2．課題の明確化

碁石の総数はどんな式で表されるかな？

3．個人思考・課題把握

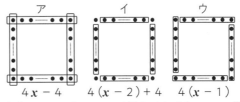

ア　　　　　イ　　　　　ウ

$4x-4$　　$4(x-2)+4$　　$4(x-1)$

●ア「$4x-4$の−4って何のこと？」［Point1］
　○辺ごとにすべて囲むと$4x$，頂点の碁石を2回数えているので4個分ひきます。

●イ「$4(x-2)+4$の＋4ってどこのこと？」
　○$4(x-2)+4$で$x-2$のまとまりが4つで，頂点の4つ分をたしています。

●ウ「$4(x-1)$ってどんな囲み方かな？」
　○$4(x-1)$の$x-1$は，各辺の頂点の片方をひいたもの。

●どれが正しいのだろう？
　○計算したらすべて$4x-4$になるのですべて正しいです。
●まとまりをつくって式を立てることが，この問題を解くポイントになりますね。

4．練習問題（前頁の問題Ⅱ）※　［Point2］

●まず，同じ囲み方を1〜3番で考えて，その後にx番目の囲み方を考えましょう。
　○問題Ⅰのイのように囲まない部分があるように考えてみると…

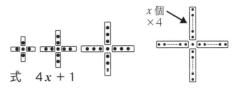
x個
×4

式　$4x+1$

　○別の囲み方もできそうだ。

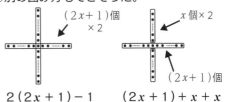
（$2x+1$）個
×2
x個×2
（$2x+1$）個

$2(2x+1)-1$　　$(2x+1)+x+x$

● 授業の実際

(1)本時の目標

碁石の数え方を，図と式を使って説明することができる。（思考・判断・表現）

(2)授業展開

> **ここがPOINT！**
> 　まとまりを意識して式をつくって図と関連づけて説明することを練習問題でも活用し，本時の目標達成を確かなものにする。

①問題提示・課題の明確化・個人思考

　Before では，問題Ⅱを提示すると，番号がついていることもあって番号と碁石に伴って総数が変化することに目が向き，関数的な考え方で思考が始まります。表をつくって4個ずつ増えていることはみえてきますが，同時に，思考が図の特徴に向かず，式と図の関連を意識して考えづらくなってしまいます。結局，式に表すことが困難な状況に陥り，生徒の思考を教師が大幅に軌道修正して，図を囲ませる流れをつくらざるを得ないことになりかねません。

　Before では，次のような流れになることが予想されます。

S　とりあえず表をつくって考えてみよう。

S　表ができた。番号が増えるごとに4つ碁石の数が増えている。比例かな？

S　番号が2倍，3倍になっても，碁石の総数は2倍，3倍になっていない。比例ではなさそう。

T　比例ではないとしても，番号と碁石の関係を見つけられないかな？

S　4つずつ増えているので，番号を4倍すると…。

S　そうか。2番目で考えると，2×4 で8。碁石の総数は9なので1つたりない。だから1をたして，$2 \times 4 + 1 = 9$　3番目は $3 \times 4 + 1 = 13$　4番目もあてはまる。よって，x 番目は $4x + 1$ だ。

T　なるほど。$4x + 1$ の $+1$ は，どんなことを表しているのかな？

S　たりない分をたしただけなので，何を表しているかわかりません。

T　図に，囲みをつくって考えてみましょう。

　生徒たちは番号と碁石の数の変化という関数の発想で解決に取り組んでいますが，このような流れから式にする難易度は高いと考えられます。帰納的に考えて式がつくれても，その式が表す意味について問うと答えに詰まってしまいます。結局，まとまりをつくって考えることを教師が強く誘導せざるを得ない状況に陥りがちになってしまいます。

　そこで After では，問題を式がつくりやすいものに変え，どうしてそのような式になるかを

問い返すことで，自然にまとまりを意識できるようにしました。

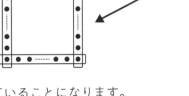
$(x-1)$個
$\times 4$

T　どんな式になりそうですか？

S　1辺に x の碁石があるので $4x$ かな？

S　$4x$ だと，二重で数えている部分があるのでダメだ。

T　どういうこと？　図にかきいれて説明してください。

S　このように4つの頂点が重なっています。

S　それなら，$4x-4$ だ。この式なら頂点の4つをひいていることになります。

T　このように，囲みをつくるといいですね。それでは他の囲み方も考えてみてください。

②練習問題

　問題Ⅰで3つの囲み方を共有した状況で，Ⅱを練習問題として提示します。このようにすることで，自然に囲みをつくって立式していく流れにつなげることができます。実際に多様な囲み方が生徒たちから出てきて，意欲的に取り組む姿が見られました。

T　x 番目の式を表せるでしょうか。問題Ⅰを参考に考えてみましょう。

x 個 $\times 4$

S　問題Ⅰのように囲みをつくってみるとよさそうだ。

T　まず，3番目，2番目，1番目で同じ囲み方ができるか考えてみよう。

S　3番目を真ん中の1個以外をそれぞれ囲むと3個ずつの囲みが4本できる。

S　2番目も同じように囲むと2個ずつの囲みが4本できる。

S　x 番目ならどうなるかな？

S　x 個ずつの囲みが4本できる。$4x$ と表せばいい。真ん中の1個をたすと $4x+1$ になる。

S　x に1，2，3を代入したら，あてはまるからよさそうだ。

T　他の囲み方も考えてみましょう。

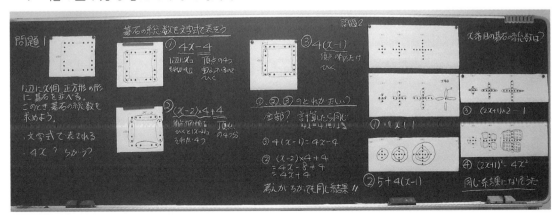

（後藤）

方程式

どのように解いたらいい？

　「方程式」（全14時間）のうち，本時は第6時にあたります。前時までに1次方程式の基本的な解き方，かっこのついた方程式や小数の方程式の解き方を学んでいます。

問題

　次の方程式を解こう。

$$\frac{5}{4}x - 3 = \frac{1}{2}x$$

● 授業づくりのポイント

Point1 　解き方の一部を提示する

　解き方のすべてを提示してしまっては，生徒は式の読み取りに終始してしまい，考える楽しさの実感につながらないと考えました。そのため，解き方の一部だけを提示し，「どのように解こうとしているかみえるかな？」と問います。その後，理解の早い生徒にヒントを出させるなどして，分母をはらう考えについて全体で共有を図っていきます。この過程で，教師は生徒の発言のキーワードを板書し，考え方のポイントを顕在化していきます。

　また，停滞している生徒にとっては，解き方をすべて提示されると多くの場合，理解の早い生徒の説明をただ聞いているだけになってしまいがちです。解き方の一部を提示することで，それをヒントとして考え続ける生徒の姿を引き出したいと考えました。

Point2 　確認問題で誤答を取り上げる

　係数に分数をふくむ方程式を解く場面においては，分母の公倍数を両辺にかけて式変形する際に間違ってしまう生徒が多いと感じています。全国学力・学習状況調査の報告書でも，このような問題の解答類型で，同様の傾向がみられます。そこで，生徒がつまずきやすい分配法則の計算の誤答を，確認問題の場面で意図的に位置づけ，「どこが間違いなのか？」「どのように計算すればよかったのか？」を学級全体で共有し，係数に分数をふくむ方程式の解き方の確かな理解と定着を図ることができるようにしています。

学習活動（●教師，○生徒）と評価（※）	学習活動（●教師，○生徒）と評価（※）

Before

1．問題提示・課題の明確化

> 次の方程式はどのように解けばよいだろうか。
>
> $$\frac{5}{4}x - 3 = \frac{1}{2}x$$

●どのように解いたらよいだろうか？

2．個人思考・集団思考※

① $\frac{5}{4}x - \frac{2}{4}x = 3$

$$\frac{3}{4}x = 3$$

$$\frac{3}{4}x \times \frac{4}{3} = 3 \times \frac{4}{3}$$

$$x = 4$$

② $1.25x - 3 = 0.5x$

$$125x - 300 = 50x$$

$$75x = 300$$

$$x = 4$$

③ $5x - 12 = 2x$

$$3x = 12$$

$$x = 4$$

●①，②，③の解き方をそれぞれ説明してください。
　○①，②，③の解き方をした生徒がそれぞれ説明する。
●今の説明でわからないところはありませんか。
●3つの方法で最も簡単に求められる方法はどれだろうか？
●教科書で，分母をはらうことについて確認する。

3．練習問題※

> 次の方程式を解こう。
>
> (1) $\frac{2}{3}x - \frac{1}{6} = \frac{1}{4}x - 1$
>
> (2) $\frac{x}{2} + \frac{2}{3} = \frac{x}{3} + \frac{5}{6}$
>
> (3) $\frac{1}{9}x - 5 = \frac{2}{3}x$
>
> (4) $\frac{2}{3}x - 2 = \frac{x}{2} - 3$

After

1．問題提示（前頁の問題）

●試行錯誤させ，これまでの問題との違いに着目させる。

2．課題の明確化

> 係数に分数をふくむ方程式はどのように解けばよいのかな？

3．個人思考・集団思考※

① $\frac{5}{4}x - \frac{2}{4}x = 3$

② $5x - 12 = 2x$

●①はどのように解いているのかな？ 〈Point1〉
　○x をふくむ項を左辺，数の項を右辺に移項しています。←キーワードの板書
　○左辺は通分もしているよ。
　○分数のまま，解いている。
●②はどのように解いているのかな？ 〈Point1〉
　○等式の性質を使って，両辺に4をかけています。←キーワードの板書
●教科書で，分母をはらうことについて確認する。

4．確認問題

> 次の方程式を解こう。
>
> $$\frac{2}{3}x - \frac{1}{6} = \frac{1}{4}x - 1$$

③ $8x - 2 = 3x - 1$

●③の式を書いてください。
　○なんか変だよ。 〈Point2〉
●変だと思っている人が多いようだけど，その気持ちわかる？
　○－1のところがおかしいと思います。
●どういうこと？
　○両辺に12をかけているのに，－1にだけかけられていません。
　　→－1にも12をかけなければならない理由を説明する。

5．練習問題※

> 次の方程式を解こう。
>
> (1) $\frac{x}{2} + \frac{2}{3} = \frac{x}{3} + \frac{5}{6}$
>
> (2) $\frac{1}{9}x - 5 = \frac{2}{3}x$
>
> (3) $\frac{2}{3}x - 2 = \frac{x}{2} - 3$

● 授業の実際

(1)本時の目標

係数に分数をふくむ方程式の解き方を説明することができる。(思考・判断・表現)

(2)授業展開

> **ここがPOINT！**
>
> 確認問題の場面で，「本当らしい誤答」を取り上げ，どのような誤りをしているのか考えさせることで，目標の達成に迫る。

①問題把握・課題の明確化

問題把握の後に短時間，試行錯誤する時間を位置づけます。困っている生徒に「どこが苦しいの？」と問い係数に分数をふくむ方程式の解き方についての困り感を引き出し，課題を明確化します。

②個人思考・集団思考

個人思考・集団思考では，生徒は既習事項を使って解き始めますが，なかなか手の動かない生徒も一定数いるように思います。そこで，生徒の考えの一部を提示し，どのように考えたのかを話し合わせます。問題把握の後の流れは次のようになります。それぞれの考えを机間指導で見とり，After指導案①の考えを取り上げた後，②の考えについて考える文脈をつくります。

T この式だけ，黒板にかいてください。

S
$$\frac{5}{4}x - 3 = \frac{1}{2}x$$
$$5x - 12 = 2x \quad \overset{?}{}$$
$$5x - 2x = 12$$
$$3x = 12$$
$$x = 4$$

T どのように解いているのかな？

S2 等式の性質を使って，両辺に4をかけています。

T どうして両辺に4をかけたの？

S3 分数を整数にするためです。

S4 8じゃダメなの？

S3 8でもいいけど，2と4の最小公倍数の4をかけた方が数字は小さくなるよ。

S4 なるほど！

教科書で，分母をはらうことについて確認する。

　Before では，個人思考で解き方に見通しをもった生徒が自力解決するまでに時間がかかりますし，机間指導で見通しのもてない生徒全員に個別指導していては，時間がいくらあってもたりません。また，見通しがもてていない生徒が，他者の説明を聞くだけで確かな理解につながると考えることは難しく，さらに生徒の説明による間延びや聞いている生徒の意欲低下なども危惧されます。

　一方 After では，見通しのもてている生徒の式だけを短時間で取り上げることで，より多くの生徒が考え続けるきっかけをつくることができます。

③確認問題

　分母をはらうことを強調した後に，確認問題を解かせます。そこで分配法則の計算の誤答を取り上げ，「どこが間違いなのか？」「どのように計算すればよかったのか？」を学級全体で共有することで本時の目標の達成に迫ります。

T　この式だけ，黒板にかいてください。

S　$\dfrac{2}{3}x - \dfrac{1}{6} = \dfrac{1}{4}x - 1$

　　$8x - 2 = 3x - 1$　?

S　え？　なんか変だよ。

T　変だっていう人が多いようだけど…，その気持ちわかるかな？

ペア学習を行う。

S　−1のところがおかしい。

T　え？　どういうこと？

S　両辺に12をかけているのに，−1にかけられていません。

T　$\left(\dfrac{2}{3}x - \dfrac{1}{6}\right) \times 12 = \left(\dfrac{1}{4}x - 1\right) \times 12$ ということですね。

　Before では誤答を取り上げる場面がなく，分配法則の計算で生徒がつまずきやすいことが，注意点として印象に残りにくくなると考えています。

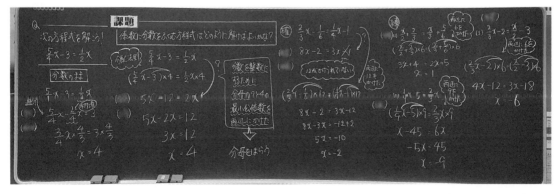

（下山）

比例と反比例

太郎君は，どこに着目して式をつくった？

「比例」（全8時間）のうち，本時は第7時にあたります。表から比例を表す式を求める方法について考えを出し合うことで，グラフから比例を表す式を求める際に，表から式を求めることと関連づけて捉える生徒の姿を目指します。

問題

次の表は y が x に比例するときの x と y の対応を表しています。

x	…	-4	-3	-2	-1	0	1	2	3	4	…
y	…	12	9	6	3	0	-3	-6	-9	-12	…

太郎君は，この表から比例を表す式 $y = -3x$ を求めました。正しいでしょうか。

● 授業づくりのポイント

Point1 決定問題の形で問題を提示し，生徒に立場を表明させる

　この問題は，正しいかどうかを予想させると，多くの生徒が「正しい」と判断しがちです。しかし，生徒によって，比例定数−3を表のどこに着目して捉えているかは異なると考えられます。そこで，「表のどこに着目して−3を求めたか，自信をもっていえるかな？」などと生徒の思考をゆさぶり，「表のどこに着目して−3を求めたのかな？」と課題を明確化します。

Point2 言葉だけではなく，動作の一部を見せる

　比例定数が表のどこと関係しているのかを説明する際，すぐに表に矢印を入れてしまうと単純な読み取りになってしまい，自分で考える楽しさが半減しかねません。そこで，生徒が考えたことを動作で一部表現させ，他の生徒たちに読み取らせることで，動作と表を結びつけて変化の割合が比例定数であることに気づく生徒の姿を引き出します。

Point3 グラフから式を求める際，部分提示をさせる

　グラフから式を求める際，どのように考えたらいいのかわからず停滞することがあります。そのようなとき，グラフ上の1点に印をつけて「この人の考えがみえるかな？」と全体に問い，様子を見ます。大半の生徒が自分の考えを表現できそうな状態であればペアトークをさせます。もし，困り感をもっている生徒が多いようであれば，考えついている生徒にヒントを出させ，多くの生徒が自分の力で気づくきっかけを与えたうえでペアトークに入ります。

学習活動（●教師，○生徒）と評価（※）

1．問題・課題提示Ⅰ

次の表は y が x に比例するときの x と y の対応を表しています。y を x の式で表しましょう。

x	…	-4	-3	-2	-1	0	1	2	3	4	…
y	…	12	9	6	3	0	-3	-6	-9	-12	…

2．個人思考・集団思考Ⅰ
　①$x=1$ のときの y の値が -3 だから，
　　$y=-3x$
　②表では，どこでも $x \times (-3) = y$ だから，
　　$y=-3x$
　③x の値が1増えたとき y は -3 増えているから，$y=-3x$
●グラフでは，どこに -3 が表れるのかな？
　①$x=1$ のときの y の値
　②x の値が1増えたとき，y は -3 増えているところ。
●教科書を利用して表・式・グラフの関係を確認する。

3．問題・課題提示Ⅱ

次の図は比例のグラフです。y を x の式で表してみよう。

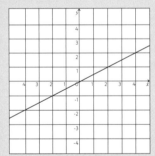

4．個人思考・集団思考Ⅱ
　○グラフは，x が2のとき，y は1を通っているので $1 = a \times 2$ となり，式は $y = \dfrac{x}{2}$

5．振り返り
●表から式，グラフから式，を学習したけど，求め方に共通していることは何かな？
　○どちらも1組の x と y がわかれば式は求められます。

6．練習問題※
●練習問題に取り組ませ，表から式，グラフから式を求めることができるかをみる。

学習活動（●教師，○生徒）と評価（※）

1．問題提示Ⅰ（前頁の問題）
●予想しよう。　◁Point1
　①正しい　②正しくない　③わからない

2．課題の明確化

表のどこに着目して -3 を求めたのかな？

3．個人思考・集団思考Ⅰ
　①$x=1$ のときの y の値が -3 だから，
　　$y=-3x$
　②表では，どこでも $x \times (-3) = y$ だから，
　　$y=-3x$
　③x の値が1増えたとき y は -3 増えているから，$y=-3x$
●（①を全体で確認した後）違う考えの人はいるかな。言葉ではなく動作で説明してみよう。　◁Point2
●グラフでは，どこに -3 が表れるのかな？
　①$x=1$ のときの y の値
　②x の値が1増えたとき，y は -3 増えているところ。
●教科書を利用して表・式・グラフの関係を確認する。

3．問題・課題提示Ⅱ

次の図は比例のグラフです。y を x の式で表してみよう。

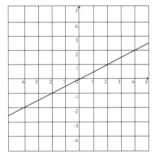

4．個人思考・集団思考Ⅱ　◁Point3
●（x と y が整数の座標の1つに印をつけさせて）この人の考えがみえるかな？
　○グラフは，x が2のとき，y は1を通っているので $1 = a \times 2$ となり，式は $y = \dfrac{x}{2}$ となります。

5．振り返り
●表から式，グラフから式，を学習したけど，求め方に共通していることは何かな？
　○どちらも1組の x と y がわかれば式は求められます。

6．練習問題※
●練習問題に取り組ませ，表から式，グラフから式を求めることができるかをみる。

● 授業の実際

(1)本時の目標

比例の表・式・グラフの関係を捉え，グラフから式を求めることができる。（知識・技能）

(2)授業展開

> **ここがPOINT！**
> グラフから式を求める場面で部分提示を生かすことで，停滞している生徒たちの思考を促す。

①問題提示・課題の明確化

Before では「y を x の式で表しましょう」としていますが，どうすると式に表せるのかわからない生徒が行き詰まってしまいます。そこで，After では問題を選択型の決定問題に変更しています。このことによって予想を取り入れることができ，生徒一人ひとりが立場を表明することができます。そして，「表のどこに着目して−3を求めたか，自信をもって説明できるかな？」と問いかけ，本時の課題につなげます。また，問題において比例定数は−3であると示すことで，表のどこに−3があるのだろうかと多くの生徒が考え始め，問題解決に向けた最初の一歩を踏み出すことができます。

②個人思考・集団思考Ⅰ

After 指導案②③の考えによる比例定数−3は，表にかかれていないため，生徒によってはイメージがしづらいことが考えられます。そこで，②③の考えを生徒が説明する際，すぐに言葉や表に矢印をかかせて説明させるのではなく，指を横に動かしていくなどの動作による説明を取り入れることで，生徒の思考を促します。

T　（①の考えについて）どうして，$y = -3x$ になったのか説明してください。

S1　比例の式は $y = ax$ となるので $x = 1$，$y = -3$ を代入して計算すると $y = -3x$。

T　$x = 1$ のときの y の値以外で，表のどこに−3があるか着目した人はいるかな。

T　言葉ではなく，動作でみんなに説明してください。

S2　（腕を縦に動かす動作をする）

T　S2さんの考えはみえるかな？　ちなみに，違う考えの人はいますか？

S3　（腕を横に動かす動作をする）

T　どうだろう。2人の考え方はみえたかな？　近くの人と交流しよう。

ペアトークで考え合う。この間に指名計画を練る。

③個人思考・集団思考Ⅱ

個人思考・集団思考Ⅱでは，グラフ上の1つの座標に印をつけることによって，停滞している生徒の思考を促します。困り感をもっている生徒が多いようであれば，生徒にヒントを出さ

せたり，わかっている生徒に途中まで説明させたりします。そして，どのように式を求めたらよいかわからない生徒が，自分の力で気づくきっかけを与えたうえでペアトークに入ります。こうすることによって，多くの生徒がグラフからの式の求め方を表現することができます。

　さらに，印がつけられた座標から式が求められた後に，「この座標でないと比例の式は求められないのかな？」と疑念を投げかけます。すると「別の点でもできます」という発言を生徒につなげて，「それってどういうこと？」と問い返し，生徒の考えのキーフレーズを色チョークなどで強調して板書しながら，グラフからの式の求め方を全体で共有できるようにしていきます。

T　ここに印をつけると式が求められるみたいだけど，この人の考えがみえるかな？

S4　何だかよくわかりません。

T　何だかよくわからないという人はどれくらいいますか？

T　困っている人に何かヒントをいえる人はいますか？

S5　さっきの表から式をつくった考えを使えばいいと思います。

S6　代入するとわかります。

T　この印をつけるとなぜ式が求められるか，みえたかな？　近くの人に伝えてみよう。

ペアトークで考え合う。この間に指名計画を練る。

S7　（2，1）を比例の式 $y = ax$ に代入すれば $1 = a × 2$ となり，比例定数 a を求めることができるので，$a = \dfrac{1}{2}$ で比例定数は $\dfrac{1}{2}$ となります。したがって式は $y = \dfrac{x}{2}$ です。

T　なるほど，この問題は（2，1）を見ないとできないのですね？

S8　いいえ違います。他の点でもできます。

T　同じように考えている人はいますか？　どういうことか説明してください。

S9　例えば，（4，2）だったとしても $2 = a × 4$ となり比例定数 a を求めることができるので，$a = \dfrac{1}{2}$ となります。比例の比例定数は $a = \dfrac{y}{x}$ で求められるのでグラフ上の点であれば，どこでもできます。

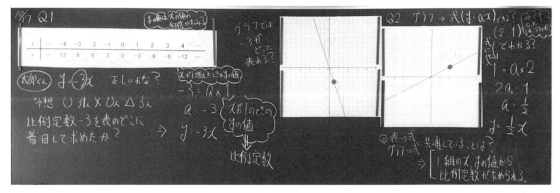

（野口）

どんなグラフになるだろう？

「比例と反比例」（全20時間）のうち，本時は第14時にあたります。前時は「反比例を式で表す」について学習しており，次時は「反比例のグラフをかく」について学習します。

問題

Aさんは下の表をもとに反比例 $y = \dfrac{6}{x}$ のグラフをかいた。

正しいだろうか？

x	…	1	2	3	6	…
y	…	6	3	2	1	…

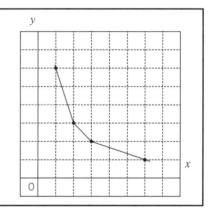

● 授業づくりのポイント

Point1　丁寧すぎる見通しで考える楽しさを味わうきっかけを奪わないようにする

　Before では「どこが正しくないのかな？」と問い，方法の見通しを位置づけて，直線にならずに曲線になることや第3象限にもグラフがあることを確認した後で，個人思考に入っています。こうした丁寧すぎる見通しを行うことは，本時でねらう重要事項を印象づける「立ち止まる瞬間」を失うことにつながるだけでなく，考える楽しさを味わう機会までも奪ってしまいます。加えて，課題の明確化が遅くなる原因をも生じかねません。

　そこで，After では予想させた後，ダイレクトに「正しい反比例のグラフはどんなグラフになるのか？」と問い，課題を明確化して個人思考に入っています。

Point2　滑らかな曲線になることを分析する

　生徒は，小学校6年で反比例が曲線になることを学習していますが，式をもとに曲線をかくことは本時で初めて学習します。一部の生徒の発表から「直線ではなく曲線になる」「グラフが座標軸とは交わらない」とする展開は避け，「どのような曲線になるのか？」「途切れたグラフはこの後どうなるのか？」と問い，どんな情報が必要なのかも生徒から引き出し，学級全体で検討することを通して，反比例の特徴を説明できるようにしています。

学習活動（●教師, ○生徒）と評価（※）	学習活動（●教師, ○生徒）と評価（※）

Before

1．問題提示（前頁の問題）

●予想しよう。
　①正しい（少ない）　②正しくない（多い）

●どこが正しくないのかな？
　①直線にならない。　②曲線になる。
　③グラフが途中で切れている。
　④$x<0$のグラフがない。

2．課題の明確化

> グラフが正しくない理由を説明しよう。

3．個人思考・集団思考

●本当に直線にならないのかな？
　○定規で結ぶと折れ線になるから。
　○曲線になるよ。

●直線にならないときに，点と点をどうやって結べ
　ばよいのかな？
　○$x=4$のときと$x=2$のときのyの値を求め
　　ればよい。

●$x=1$のときと$x=2$の間は直線になるので
　は？
　○もっと細かく点をとるとよい。
　○細かい表をつくる。

x	1	1.2	1.4	1.6	1.8	2.0
y	6	5	4.28	3.75	3.33	3

●「$x<0$のグラフがない」と言っていたけど，負
　の数のグラフをつくるにはどうしたらいいかな？
　○負の数の表も必要。

●では負の数の表をつくってみよう。

x	−8	−7	−6	−5	−4	−3	−2	−1	0
y	−0.75	−0.85	−1	−1.2	−1.5	−2	−3	−6	×

●どんなグラフになったかな？
　○2つの曲線になった。

●最後にグラフが途中で切れているという指摘があ
　ったけどどうなるの？　グラフをかいてみて。

●いつグラフはy軸と交わるの？
　○交わらない

●何で交わらないの。どうやって調べればいい？
　○$x=0$と$x=1$の間を求めればいい。

●反比例のグラフの特徴をまとめてみよう。
　○反比例のグラフは曲線になる。
　○グラフが2本できる。
　○原点は通らない。

●教科書を見て確認しよう。

4．練習問題※

> $y=-\dfrac{6}{x}$のグラフをかこう。

After

1．問題提示（前頁の問題）

●予想しよう。
　○正しい（少ない）　○正しくない（多い）

2．課題の明確化

> 正しい$y=\dfrac{6}{x}$のグラフはどんなグラフになるの
> かな？

3．個人思考・集団思考

●どこが正しくないのかな？
　○直線ではなく曲線になる。

●どうして曲線になるといえるの？　◁Point1
　○もっと細かく点を打てばわかる。

●表で確認してみよう（正の数の表を取り上げる）。

x	0	1	2	3	4	5	6	7	8
y	×	6	3	2	1.5	1.2	1	0.85	0.75

●これを（定規を使って）結ぶよ。これでいい？
　○定規を使うとまた直線になっちゃうよ。

●フリーハンドと言ってもどこを引けばいいかわか
　らない。特に$x=1〜2$の間は広くてわからな
　い。　◁Point2
　○もっと細かい点が必要だ。

x	1	1.2	1.4	1.6	1.8	2.0
y	6	5	4.28	3.75	3.33	3

●どんなグラフになりそうですか。
　○カクカクしていない。
　○滑らかな曲線になった。

●これで反比例のグラフは完成だね。
　○グラフが途中で切れている。

●では，このグラフの続きをかいてみよう。　◁Point2
　→「軸と交わる」「反り返り」の2つの間違いを
　　提示

●どうなるか確かめるには，どうしたらいいの？
　○この間の表をつくる。

x	0	0.001	0.01	0.1		x	10	100	1000
y	×	6000	600	60		y	0.6	0.06	0.006

●グラフはこの先どうなるのかな？
　○軸とは交わらないけど，近づいていく。

●やっとグラフが完成したね。これでいいよね？
　○$x<0$のところにグラフがない。

●$x<0$のところにグラフがあるの？

●グラフが2つできた。この曲線を双曲線といいま
　す。では，反比例のグラフの特徴をまとめよう。

x	−8	−7	−6	−5	−4	−3	−2	−1	0
y	−0.75	−0.85	−1	−1.2	−1.5	−2	−3	−6	×

←負の数を取り上げる。
　○双曲線になる。　○軸とは交わらずに近づく。
　○グラフが反対方向に2つできる。

●教科書を見て確認してみよう。

4．練習問題※

> $y=-\dfrac{6}{x}$のグラフをかこう。

● 授業の実際

(1)本時の目標

反比例のグラフの特徴を説明することができる。(知識・技能)

(2)授業の展開

> **ここがPOINT!**
>
> 　反比例のグラフが滑らかな双曲線になることを実感を伴って理解させ，特徴を説明できるようにする。

○個人思考・集団思考

　反比例の特徴である「滑らかな曲線になる」「座標軸にだんだん近づくけど交わらない」「1つの式から2つの曲線ができる」の3つを生徒から自然に引き出すために，生徒の考えを取り上げる順番を工夫します。この授業の目標達成につなげるには，「座標平面上にさらに多くの点が必要」という考えを引き出すことも大切になります。

　そのため，集団思考において，次のような順序で生徒の考えを取り扱うことにしました。

　1）直線でなく曲線になる

　2）グラフが途中で切れている

　3）$x < 0$ のグラフがない

　1）を最初に取り上げるのは，「多くの点をとる必要がある」という考えを引き出すためです。問題にある表や座標では曲線になることを伝えるには，不十分なものになっています。「曲線になるというけど，どうして曲線になるといえるのかな？」と問うことで，自然な流れでより細かい点が必要であることにつなげていきます。

　2）は「この先のグラフはどうなるのかな？」という問いから，「座標軸にだんだん近づくけど交わらない」という考えが出てきますが，その根拠となるのも「多くの点をとる必要がある」という考えです。

　最後に，$x < 0$ のところのグラフが $x > 0$ のグラフと同様な特徴をもった曲線が第3象限にできるという流れで授業を展開することにしました。

　T　　正しいグラフはどんなグラフになるのかな？（机間指導中に指名計画を立てる）

　S1　直線ではなく，曲線になると思います。（どう？　と全体に返す）

　T　　本当？　曲線になるとみんなはいうけど，どうして曲線になるのかな？

　S2　4つの点しかとってないので，もっと細かく点をとればわかります。

　T　　では，もっと細かく点をとってみよう。電卓を使用してもいいですよ。

　$x > 0$ の範囲の表をつくっている生徒を指名して板書させる。

T　　（座標平面に点をとってみて）曲線になりそう？

S3　たぶん，曲線になると思います。

T　　本当に？　先生は $x=1$〜$x=2$ はどうやって結べばいいのかわからないよ。

T　　どこを通るのかみんなわかるの？

S4　まだまだ多く点をとればわかります。

T　　さっきよりももっと多くの点をとるの？　どのくらいですか？

S5　0.1か0.2ずつ。

0.2ずつ表をつくっている生徒を指名する。

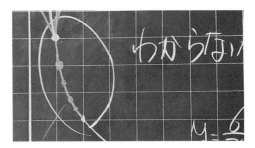

S6　前より滑らかな曲線になった！

S7　カクカクしていない！

T　　これで反比例のグラフは完成だね。

S8　グラフが途中で止まっているのはダメだと
　　　思います。

$x<0$ のところのグラフがないという意見も出てきますが，「その際は $x>0$ のところのグラフはこれで正しいといっていいの？」と問い，S8の意見を先に取り上げる。

T　　では，グラフの続きはどうなるのかな？　続きをかいてみよう。

個人思考させる。

T　　（軸と交わるグラフと反り返るグラフを提示）どれになりますか？

S9　どれにもあてはまらない。軸と交わらないと思います。

T　　どうして？

S10　$x=0$ から $x=1$ の間の点をもっと多くとればわかります。

　このようなやりとりで，集団思考と個人思考を往き来しながら，生徒たちの自然な思考の流れに寄り添いつつ教師の明確な意図を潜めて，考える必要感を持続させながら，本時の目標の達成に向かいます。

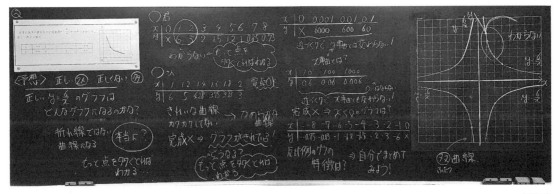

（柴田）

平面図形

作図の根拠を説明しよう！

「平面図形」（全24時間）のうち，本時は第8時にあたります。次時は，「垂線」の作図について学習します。

問題

Aさんとsさんが等しい距離の地点で待ち合わせをする。

2人（点）が出会う点をかこう。

● A さん　　　　　● B さん

● **授業づくりのポイント**

Point1 ▷ **課題を明確にする場面を意図的に位置づける**

「問題解決の授業」は型にはまった授業ではなく，いつでも必ず，問題の直後に生徒が答えを予想して課題が生まれるわけではありません。本時の目標と生徒の必要感によって，課題をすぐに明確にしないこともあります。課題のない授業はありませんので，課題を明確化する場面を，生徒の反応を予想して，どこに位置づけるか意図的に設定する必要があります。

Point2 ▷ **方法のみに終始するのではなく，根拠を明確に説明できるように発問や板書をする**

作図の場面では，ややもすると作図の方法にとらわれすぎで，実感の伴わない作業になってしまうことがあります。多様なかき方を比較するのはよいことですが，作図のしやすさや綺麗さばかりに気をとられるのではなく，目的意識をもたせながら作図させることが大切です。板書も説明しやすいように工夫する必要があります。

Point3 ▷ **いろいろな作図と統合できるように工夫する**

垂直二等分線や角の二等分線，垂線の作図は，独立しているわけではありません。すべて線対称の図形を用いて説明することができます。垂直二等分線の作図の時間だから垂直二等分線だけできればよいというのではなく，他の作図との共通点を見いだして統合し，生きて働く知識の習得につなげたいものです。

学習活動（●教師，○生徒）と評価（※）

1．問題提示（前頁の問題）
●ノートにかいてみよう。
　○点を予想しノートにかく。
　　定規で実測したり，適当に中点付近にかいたり，
　　線分ＡＢ以外に点をとる。
●多くの生徒を指名し，黒板にかかせる。
　○点をたくさんかく。
●点が集まって線になることを確認する。

2．課題の明確化

> この線に名前をつけよう。

3．個人思考・集団思考
　○〔垂線〕線分ＡＢと垂直に交わる直線
　　〔二等分線〕線分ＡＢの中点を通る直線
　　〔折目線〕点Ａと点Ｂを重なるように折ったと
　　きの線。
　　→〔垂直二等分線〕
●垂直二等分線であることを確認する。
●問題を解決するために，正確な作図をしてみまし
　ょう。
●どんな点が必要ですか？
　○点Ａと点Ｂから等しい点

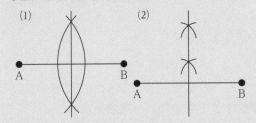

●それぞれの作図の方法で共通していることはあり
　ますか？
　○２点をとっている。
　○等しい距離の点をとっている。
●それぞれの方法でよいところはどこだろうか？
　○（その１）楽だ　わかりやすい。
　○（その２）コンパスの長さを変えなくてもよい。
　○（その３）かくスペースが少なくてよい。
●自分ならどの方法で作図しますか？
　○自分がよいと思った作図の方法に挙手する。
　○教科書を使って作図の方法を確認する。

4．練習問題
　○教科書の練習問題に取り組む。※

学習活動（●教師，○生徒）と評価（※）

1．問題提示（前頁の問題）
●ノートにかいてみよう。
　○点を予想しノートにかく。
　　定規で実測したり，適当に中点付近にかいたり，
　　線分ＡＢ以外に点をとる。
●多くの生徒を指名し，黒板にかかせる。
　○点をたくさんかく。
●この線はどんな線ですか？　〔Point1〕
　○垂直二等分線

2．課題の明確化

> 垂直二等分線を作図しよう。

3．個人思考・集団思考
●どんな点をかいたのですか？
　○点Ａと点Ｂから等しい点

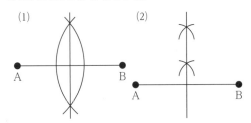

●コンパスをどのように使ったのかを板書し，図形
　がみえるようにする。
●なぜこの作図で垂直がいえるの？　〔Point2〕
　○図形がひし形？
　○(2)はひし形ではないけど。
　○線対称な図形だから。※
●他に対称な図形はあるかな？
　○いろいろな線を引き，線対称な図形を探す。
　○点に記号をつけて説明する。
●コンパスで円をかくとどうなるかな。　〔Point3〕

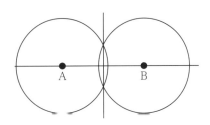

　○半径が等しい場合は垂直二等分線がかけること
　　と，２つの円が中心同士を結ぶ線に対して線対
　　称であること，半径が等しくなければ垂線にな
　　ることを確認する。

4．練習問題
　○教科書の練習問題に取り組む。※

● 授業の実際

(1)本時の目標

線分の垂直二等分線の特徴を見いだし，作図の方法を説明することができる。

(思考・判断・表現)

(2)授業展開

> **ここがPOINT！**
> 垂直二等分線の作図を通して，線対称な図形に着目させて，いろいろな作図の根拠を明確にする活動を大切にする。

①問題提示・課題の明確化

Before では，２点から等しい距離にある点の集合が垂直二等分線であることに気づかせ，その特徴から作図の方法を考えさせています。垂直二等分線の性質を学習することが主な活動になっており，そこからコンパスで２点のとり方について，どちらがよいかを判断することになります。

After では，２点から等しい距離にある点の集合が垂直二等分線であることをすぐに確認し，線対称な図形を根拠に説明させる活動を重視しています。線対称な図形は，今後の作図につながる大切な内容であるため，作図の方法にとどまることなく，線対称な図形を根拠として説明させる活動こそが重要なのです。

T　黒板にかいたたくさんの点は，どんな特徴がありますか？

S　ＡＢと垂直に交わっている。

S　ＡＢの中点を通る線になっている。

T　この線は垂直二等分線といいます。さて，作図できますか？（→課題提示）

S　点をとればできると思います。

T　作図をしてみて，どんな点をとったのか説明してください。

②個人思考・集団思考

すべての生徒が作図し終わるのを待つのではなく，少し時間が経ったら生徒に板書させたり，ノートにかいた点を実物投影機で見せたりします。このようにすることでわからない生徒にもヒントとなり見通しをもたせることができます。机間指導で指名計画を立てて生徒を指名し，何通りかの方法でかかせます。

同じようなかき方をした生徒に説明させ，どのようにかいたのかを全員で共有できるようにします。いくつか発表させた後，「なぜ垂直といえるのか？」「なぜ二等分といえるのか？」を考えさせます。

T　なぜ垂直になるといえるのですか？

S　見た目で。まっすぐになっているから…。

T　点を結んで考えている人がいるみたいですね。

S　図形ができました。ひし形になります。

T　どのかき方もひし形だからですか？

　図形をかいて説明することに気づく生徒は少ないものです。ヒントとして，点と点を結んでいる生徒を見つけて説明させ，解決の方針を全体に共有できるようにします。ひし形に気づく生徒はいるものの，必ずひし形にはならないことに着目させてゆさぶります。

　二等辺三角形や「たこ形」をつくって線対称な図形の性質を使うことを確認し，「垂直」と「二等分」の根拠を明確にします。1学年の授業であることを踏まえ，小学校6学年の線対称な図形の性質を根拠とします。

　次に，円をかくことで垂直二等分線が作図できることにも着目させます。

T　円をかいて垂直二等分線がかけます。どんな円をかいたのですか？

S　半径が等しい円。

S　交わるような円。

S　線分の端が中心になる円。

T　半径が等しくない場合はどうなりますか？

S　交わらない。交わると垂線になる？

T　半径が異なる2つの円が交わるとき，交点を結ぶ線はどんな線になりますか？

S　垂線になります。

T　なぜですか？

　半径が同じであれば垂直二等分線になりますが，半径が等しくない場合はどのようになるのかを，問題の解決過程で確認した線対称な図形を根拠に説明させます。

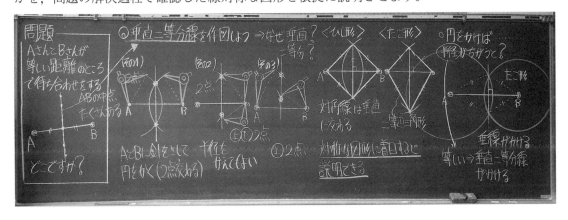

（若松）

空間図形

円錐の側面のおうぎ形の中心角は何度？

「空間図形」（全19時間）のうち，本時は第14時にあたります。前時までには，三角柱，円柱の展開図をかくにはどのようにすればいいかを学習しています。

問題

次の円錐の正しい展開図はア～オのどれでしょう。

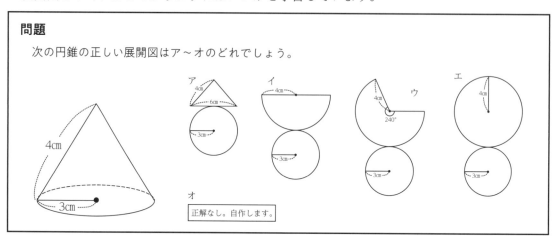

オ

正解なし。自作します。

● 授業づくりのポイント

Point1 問題を選択型の決定問題にする

この授業では「円錐の展開図をかこう」という問題提示から，生徒が側面のおうぎ形の中心角を求める必要性に気づき，底面の円の円周と側面のおうぎ形の弧の長さが一致することを利用して中心角を求めていくことを意図しています。しかし，側面のおうぎ形の中心角を求めるときに円の中心角である360°をもとにするという発想が，生徒たちからなかなか出てこないことが多いと感じています。そのような状況では，個人思考や集団思考の最中に誘導的な発問が続いてしまったり，おうぎ形の弧の長さの公式を利用して計算すると複雑になってしまったりして，考え続ける熱が冷めてしまいがちです。そこで，問題の選択肢に側面が円になっている誤答を意図的に入れておくことによって，課題を解決する段階で，中心角とおうぎ形の弧の長さが比例することを利用しようとする発想が自然に出てくるように工夫しました。

Point2 母線と底面の円の半径の割合に着目させる

側面の展開図であるおうぎ形の中心角の求め方を説明するには手順が多く，そこに辿り着いた満足感は大きいものがあります。しかし，手順が多いため実際に利用するとなると困り感をもつ生徒も現れます。そこで，授業の後半では，底面の円の半径 r，母線 R を使って，$\frac{r}{R}$ で中心角の割合になることに気づかせ，利用できるようにしていきます。

学習活動（●教師，○生徒）と評価（※）	学習活動（●教師，○生徒）と評価（※）

左側（Before）

1．問題提示
- ●（底面の半径が3㎝，母線の長さが4㎝の円錐を示し）円錐の展開図をかこう。
- ●底面と側面の図形は何ですか？
  - ○底面は円，側面はおうぎ形
- ●そうだね，さっそくかいてみよう。
  - ○側面のおうぎ形の中心角がわからない。
- ●そうか，中心角の求め方を考えよう。

2．課題の明確化

> 側面のおうぎ形の中心角の求め方を説明しよう。

3．個人思考・集団思考
- ○底面の円の円周は $2×3×π＝6π$ ㎝
  これは，側面のおうぎ形の弧の長さと一致します。
- ●そのことを利用して，中心角を求められますか？
  - ○おうぎ形の弧の長さを求める公式は，
    $\ell＝2πr×\dfrac{a}{360}$ なので，
    $\ell＝6π$，$r＝4$ を代入します。
    $6π＝2π×4×\dfrac{a}{360}$
    これを a について解くと中心角が出る。
    だけど，計算が大変だ。
  - ○両辺を $π$ でわって，360をかけるとよい。
    $$\dfrac{6π}{π}＝\dfrac{2π×4×\dfrac{a}{360}}{π}$$
    $$6＝8×\dfrac{a}{360}$$
    $$6×360＝8×\dfrac{a}{360}×360$$
    $$2160＝8a$$
    $$a＝270 \quad やっと出ました。$$
- ●大変だったけど，公式を利用して中心角を出すことができましたね。
- ●もう少し簡単に出したいですね。
- ●円の中心角は何度でしょうか？
  - ○360°
- ●側面が円だとしたら，円周の長さは？
  - ○$2×4×π＝8π$ ㎝
- ●実際は $6π$ ㎝ですね。
  - ○おうぎ形の中心角と弧の長さは比例することを以前に学習しました。
  - ○（おうぎ形の弧の長さ）／（円周の長さ）で割合を出せばいい。
- ●そうですね。やってみましょう。※
  - ○$\dfrac{6π}{8π}＝\dfrac{3}{4}$，$360°×\dfrac{3}{4}＝270°$
- ●$\dfrac{3}{4}$ は（底面の半径）／（母線の長さ）になっています。
  - ○本当だ。これを知っていれば簡単にできそうですね。

右側（After）

1．問題提示（前頁の問題） `Point1`
- ○円錐の展開図の側面はおうぎ形なのでアはない。
- ○それなら，エもないってことになる。
- ○それじゃあ，イかウだ。
- ●実際に立体をつくってみよう。
  - ○イもウも側面がたりない。
  - ○エの立体をつくったら，側面が大きすぎる。だけど，重なった部分のおうぎ形の中心角は90°くらいにみえるから，求める中心角は270°になると思う。
- ●本当に270°になるのかな？

2．課題の明確化

> 側面のおうぎ形の中心角を求めよう。

3．個人思考・集団思考
- ○底面の円の円周は $2×3×π＝6π$ ㎝
  これは，側面のおうぎ形の弧の長さと一致します。
- ●そのことを利用して，中心角を求められますか？
  - ○エは側面が円で，円周を求めると $8π$ ㎝になるから…。
    360°で $8π$，270°で $6π$…
    おうぎ形の中心角と弧の長さは比例するんだった。
    このことを使って，
    $$\dfrac{6π}{8π}＝\dfrac{3}{4}$$
    $$360°×\dfrac{3}{4}＝270°$$
- ●$\dfrac{3}{4}$ という数値は問題の中に隠れていないかな？ `Point2`
  - ○$\dfrac{3}{4}$ って，もとの円錐の母線の長さと底面の円の半径になっています。
- ●そうですね。偶然でしょうか。他の問題でも確かめてみましょう。

4．練習問題※

> 底面の半径が6㎝，母線の長さが10㎝の円錐の側面のおうぎ形の中心角を求めよう。

- ○おうぎ形の弧の長さ $2×6×π＝12π$ ㎝
  円周の長さ $2×10×π＝20π$ ㎝
  割合 $\dfrac{12π}{20π}＝\dfrac{3}{5}$
  中心角 $360°×\dfrac{3}{5}＝216°$
- ○割合の $\dfrac{3}{5}$ は，（底面の半径）／（母線の長さ）になっています。

● 授業の実際

(1)本時の目標

　円錐の側面のおうぎ形の中心角を求めることができる。（知識・技能）

(2)授業展開

> **ここがPOINT！**
> 　問題の不正解の選択肢の中に，課題を追究する過程で活用できる図を入れておくことで，生徒が自ら気づいたという状況につなげる。

①問題提示・課題の明確化・個人思考・集団思考（前半）

　Before では，円錐の展開図をかくためには，側面のおうぎ形の中心角がわからなければならないという必要感が生まれ，課題までは生徒たちの盛り上がりがみられます。ただ，個人思考に入ると，その中心角を求めるための方法を見いだすのに行き詰まってしまいます。おうぎ形の弧の長さを求める公式が既習事項であることから，それを利用しようとするまでは辿り着くことはできます。

　これは一つの有力な方法には違いありませんが，計算が大変で現実的な方法とはいいきれません。加えて，After のような解決の過程を踏ませるためには，教師側からの誘導的な発問やヒントを与え続けなければならなくなってしまいがちです。

　Before では，次のような展開になります。

S　側面はおうぎ形になります。

T　そうですね。展開図はすぐにかけそうですか？

S　底面の円はかけますが，側面のおうぎ形の中心角がわかりません。

T　そうですね，今日の課題は「側面のおうぎ形の中心角を求めよう」でいきましょう。

S　おうぎ形の弧の長さは，底面の円の円周と一致します。

T　そのことを使って，中心角を求められそうですか？

S　おうぎ形の弧の長さを求める公式は，$\ell = 2\pi r \times \dfrac{a}{360}$なので，それを使えば…。

S　底面の円の円周は$2 \times 3 \times \pi = 6\pi$㎝，おうぎ形の半径は4㎝。公式に代入してみよう。

S　$6\pi = 2\pi \times 4 \times \dfrac{a}{360}$，これを a について解けばいい。
　（中略）

T　計算が大変でしたね。他の方法を考えてみましょう。

T　側面はおうぎ形ですが，円と見立てて考えてみると，中心角と弧の長さはどうなりますか？

S　中心角は360°，弧の長さは8π㎝です。

T　実際は，弧の長さは6π㎝ですね。

S　そうか，おうぎ形の弧の長さは中心角に比例するからそのことを使えばいいのか。

　Before では，展開の後半でおうぎ形の弧の長さは中心角に比例することを想起させるために誘導的な発問をしています。そこで After では，問題に選択肢をつくり，その中に側面が円になっているものを入れて，その図形を実際に操作することで，おうぎ形の弧の長さは中心角に比例することを想起させるように工夫しました。

S　側面はおうぎ形なので，イかウだと思います。

T　実際に組み立ててみましょう。

S　側面がたりません（イ・ウともに）。

T　エはどうでしょうか？

S　側面が円なので，側面が大きすぎると思います。ただ，重なった部分から中心角がわかるかもしれません。

S　重なる部分は90°くらいにみえます。だから，おうぎ形の中心角は270°だと思います。

T　本当に270°になるのかな？　その求め方を考えてみよう。

S　円の中心角は360°，求めるおうぎ形の中心角はたぶん270°だ。4：3だ。

T　なるほど，4：3の比になっているのか。円周の長さは？

S　円周の長さは8π㎝，おうぎ形の弧の長さは，底面の円の円周と一致するので6π㎝だ。

S　その比も4：3になっている。何か関係はあるのかな？

S　そうだ，おうぎ形の中心角と弧の長さは比例するんだ。

T　その性質を使って，中心角を求めることはできそうですか？

②個人思考・集団思考（後半）

　中心角270°を求めた後で，「$\frac{3}{4}$という数値が問題場面に隠れていないかな？」といった$\frac{3}{4}$と問題を結びつける発問を行います。もし，問題の解決過程において気づく生徒がいたのなら，指名し発表する場面を設定します。このことによって練習問題の際に，「本当に割合が（底面の円の半径／母線）になっているだろうか」と目的意識をもって取り組むことができます。

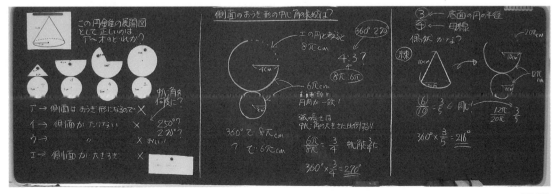

（後藤）

データの分析と確率

表と横と裏ではどれが出やすいかな？

「データの分析と確率」（全12時間）のうち，本時は第10時にあたります。前時までに相対度数について学習しています。初めて確率について学習するため，その意味を十分に理解させることを大切にします。

> **問題**
>
> 1つのペットボトルキャップを投げるとき，表，横，裏で最も出やすいのはどれだろうか？
>
>
>
> 　　　　表　　　　　　横　　　　　　裏

授業づくりのポイント

Point1 回数の少ない実験を位置づける

　統計的確率を求めるためには，多数回の実験が必要となるので，初めから多数回の実験をさせることも考えられます。しかし，それではなぜ多数回の実験が必要なのかを生徒に実感させることは難しいのではないでしょうか。

　そこで，一度目の個人思考・集団思考の段階で，意図的に少ない実験回数の結果から結論を出させることで，少ない実験回数では結論を導き出すことに納得できない感覚を味わわせ，多数回の実験が必要そうだという考えを引き出します。

Point2 本時の目標の確実な達成に迫る練習問題を設定する

　統計的確率の意味を理解することや，統計的確率を求めることができることは当然大切なのですが，不確定な事象の起こりやすさを考察する際に，確率を根拠として説明する力も非常に重要です。

　そこで，太郎君の予想が正しいか正しくないかを，統計的確率を根拠として説明する練習問題を位置づけます。また，確率の意味の確かな理解を図るために，少ない回数では実験結果がばらついているデータの問題を扱います。

Before

学習活動（●教師，○生徒）と評価（※）

1．問題提示（前頁の問題）
●予想しよう。
　①表　②横　③裏
●どうすれば確かめられるかな？

2．課題の明確化

> 実験して，予想を確かめよう！

3．個人思考・集団思考
●では，今から10分間実験をしよう。
　○10分間実験を行う。
●実験の結果，出やすさはどうなりましたか？
　○裏が出た回数が最も多いから裏が出やすいと思います。
●でも，このあと，もっとたくさん投げたら，裏以外の方が出やすくなることもあるのではないですか？
　○全員が1000回程度投げれば同じような割合になると思います。
●1000回投げたときのグラフ（教師側で用意したもの）を提示し，グラフから読み取れることを考え，発表させる。
　○回数が少ないときはばらつきがあるけど，回数が増えると一定の値に近づきます。
●教科書で確率の確認をする。

4．練習問題※

> 　1の目が出る確率が $\frac{1}{6}$ であるサイコロがあります。このサイコロを投げるとき，どのようなことがいえるか，次のうち正しいものを選び，理由も答えなさい。
> ア　5回投げて，1の目が1回も出なかったとすれば，次に投げると必ず1の目が出る。
> イ　6回投げるとき，そのうち1回は必ず1の目が出る。
> ウ　6回投げるとき，1から6までの目が必ず1回ずつ出る。
> エ　30回投げるとき，そのうち1の目は必ず5回出る。
> オ　3000回投げるとき，1の目はおよそ500回出る。

After

学習活動（●教師，○生徒）と評価（※）

1．問題提示（前頁の問題）
●予想しよう。
　①表　②横　③裏
●どうすれば確かめられるかな？

2．課題の明確化

> 実験して，予想を確かめよう！

3．個人思考・集団思考
●前で3回だけ実験をする。　◁Point1
●裏（表）の方が出やすいということでいいですか？
　○そうとはいえないと思います。
●どうして？　裏（表）の方が多く出たんだからいいんじゃないの？
　○実験の回数が少なすぎると思います。
●では，今から10分間実験をしよう。
　○10分間実験を行う。
●実験の結果を全体で確認した後，集計した裏の出る割合（相対度数）のグラフを提示し，グラフ（下図）から読み取れることを発表させる。

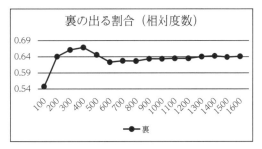

裏の出る割合（相対度数）

　○回数が少ないときはばらつきがあるけど，回数が増えると振れ幅が小さくなっていきます。
●教科書で確率の確認をする。

4．練習問題※　◁Point2

> 　画びょうを投げると針が上向きになる確率が高いと予想した太郎くんは実験で確かめることにしました。
> 　実験の結果をまとめたものが右の表です。表から太郎くんの予想は正しいといえるだろうか？
>
> | 上向き | 下向き | 合計 |
> |---|---|---|
> | 4 | 6 | 10 |
> | 10 | 10 | 20 |
> | 14 | 16 | 30 |
> | 18 | 22 | 40 |
> | 25 | 25 | 50 |
> | 30 | 30 | 60 |
> | 38 | 32 | 70 |
> | 41 | 39 | 80 |
> | 45 | 45 | 90 |
> | 51 | 49 | 100 |
> | 110 | 90 | 200 |
> | 214 | 186 | 400 |
> | 319 | 281 | 600 |
> | 426 | 374 | 800 |
> | 533 | 467 | 1000 |

● 授業の実際

(1)本時の目標

　多数回実験の結果の考察を通して確率の意味に気づき，確率を根拠として事象の起こりやすさを判断することができる。（思考・判断・表現）

(2)授業展開

> **ここがPOINT！**
> 　本時の目標達成のために，確率を根拠として予想が正しいかを説明する問題を練習問題として提示する。

①問題把握・課題の明確化

　問題を把握した後にどちらの方が出やすいか予想させ，課題の明確化につなげます。予想の段階で，全員にそれぞれの立場を表明させることで，その後の実験に向けた意欲を高めます。

②個人思考・集団思考

　個人思考・集団思考の段階では，最初にあえて少ない回数の実験しか行いません。少ない回数の実験結果から安易な結論を示すことで，もっと回数を増やす必要があることを生徒から引き出します。

　課題を明確化した後，前で3回だけ実験させる。実験ではおそらく3回に2回程度裏が出る。

　T　裏が最も出やすいということでよいですか？

　S　実験の回数が少ないので，そうとはいいきれないと思います。

　T　では，今から10分計るので，みんなで実験して確かめてみましょう。

投げ方の条件を揃えることを確認し，それぞれで実験させ，実験結果をパソコンで集計する。

　T　実験の結果，表，横，裏で最も出やすいのは，どれだといえそうですか？

　S　裏が最も出やすいという結果になりました。

実験結果を集計した右のグラフをTVに提示する。

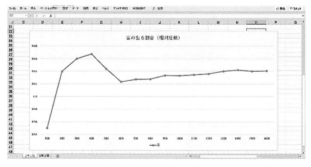

　T　裏が出る割合（相対度数）をグラフにしたものを見て，どのようなことが読み取れますか？

　S　回数が少ないときは，ばらつきがあるけど，回数を増やしていくと振れ幅が小さくなっていきます。

教科書で，確率について確認する。

　Beforeでは，初めから多数回の実験をさせますが，これでは生徒に多数回の実験をする意味を十分に認識させることは難しいでしょう。そこで，Afterでは，あえて少ない回数の実験を位置づけることで，多数回の実験が必要であるということを，生徒から自然に引き出すことをねらいます。

　なお，学級全体の実験を集計する際には，全員の実験が同様の条件で行ったとみなすことを生徒に伝えてから集計することも重要だと考えています。

③練習問題

　確率の意味をきちんと理解しているか評価する練習問題が必要です。Beforeの練習問題は，単元の終末に確認することで，単元を通して確率の意味を十分に理解できているか評価する問題だと考えました。本時のような多数回の実験を通して，確率の意味に気づく授業においては，Afterのように，着目するところによって太郎くんの予想が正しいとはいえない問題を設定する方が，確率の意味について確かな理解を図ることができるのではないでしょうか。

練習問題を提示後，個人思考する。

	上向き	下向き	合計
	4	6	10
	10	10	20
	14	16	30
	18	22	40
	25	25	50
	30	30	60
	38	32	70
	41	39	80
	45	45	90
	51	49	100
	110	90	200
	214	186	400
	319	281	600
	426	374	800
	533	467	1000

T　太郎くんの予想は正しいといえるかな？

S　正しいといえると思います。

T　どうして？

S　右の表から確率が533÷1000＝0.533となっているからです。

T　表のどこを見て，確率を求めたの？

S　表の一番下の数値です。

T　でも，一番上の数値を見ると，下向きの方が出やすいといえるんじゃないの？

S　10回の実験だと，実験の回数が少なすぎるから不十分だと思います。

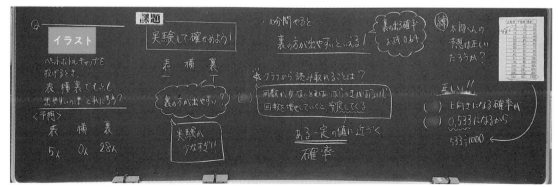

（下山）

式の計算

どちらのルートが長いだろうか？

「式の計算」（全16時間）のうち，本時は第10時にあたります。前時は「式の値」について学習しています。また，次時は，「数の性質の説明」について学習することになります。

問題

　ＡルートとＢルートでは，どちらが長いだろうか？

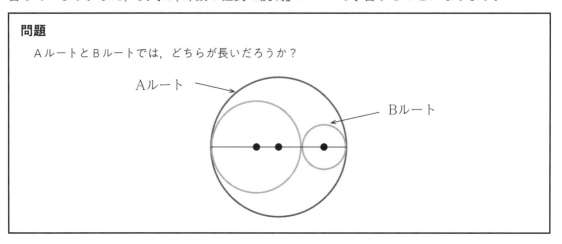

● **授業づくりのポイント**

<u>Point1</u>　**長さを入れない図で問題を提示する**

　Before では長さを入れた図を提示し，その後に「文字にしても同じことがいえるのか？」と問う流れで課題を明確化しました。After では長さを入れない図で問題を提示し，図を見ただけの直感でどちらが長いか予想させます。そして，予想が正しいか調べてみようと問うことで自ら数値を定めて問題を解決しようとする生徒の姿を引き出します。その後，「その数値だから等しいんだよね」と問うことで，「他の数値でもいえる」「いつでもいえそう」という発言を引き出し，文字を用いる必要感を生み出して性質を明らかにする展開にしています。

<u>Point2</u>　**問題の図の条件や図を変更する**

　円の内部に円を２つかいてＢルートとしましたが，「だったら，円を３つにした場合も同じになるだろうか？」と問い，発展的に考えることを促します。さらに，同一円上では外部の円周と内部の円がいくつあっても円周の和が等しくなることを帰納的に考察した後に，図形を円ではなく「正三角形や正方形でも同じようなことがいえるのか？」などの問いを設定します。条件を変更したり図形を変更したりするとどのようになるかと，拡張による統合的な考察をするよう働きかけることで，考える楽しさの実感をねらっています。

学習活動（●教師，○生徒）と評価（※）

Before

1．問題提示
- ●（前頁の問題（大きい円半径4cm，左の円半径3cm）を提示し）AルートとBルートどちらが長いだろうか？
- ●予想しよう。
  - ①Aルート　②Bルート　③同じ
- ●それぞれの長さを求めてみよう。
  - ○Aルート：$2 \times 4 \times \pi = 8\pi$
  - ○Bルート小：$2 \times 1 \times \pi = 2\pi$
    - Bルート中：$2 \times 3 \times \pi = 6\pi$
    - Bルートは$2\pi + 6\pi$で8π
- ●どちらのルートが長いといえますか？
  - ○同じ値になるので同じ長さといえる。
- ●では，半径が数字ではなく文字に変わっても同じ長さになるといえるかな？
  - ○いえる　○いえない

2．課題の明確化

文字を使ってどちらが長いか説明しよう。

3．個人思考・集団思考
- ●半径をaとして，それぞれの長さを求めてみよう。※
  - ○Aルート：$2 \times a \times \pi = 2\pi a$
  - ○Bルート小：$(2 \times b \times \pi) = 2\pi b$
  - ○Bルート中：$(a-b) \times 2 \times \pi = 2\pi a - 2\pi b$
    - よってBルートは$2\pi a$
- ●文字に表したけど，どちらが長いかわかる？
  - ○同じ式になるから同じ長さになる。
- ●では，文字にしても大きさや長さの比較はできるんだね。

4．練習問題

底面の半径が$r$cm，高さが$h$cmの円柱Aがある。この円柱の底面の半径を2倍，高さを$\frac{1}{2}$倍にした円柱Bの体積は，円柱の体積の何倍か求めよう（図省略）。

○できたらペアトークする。

After

学習活動（●教師，○生徒）と評価（※）

1．問題提示（前頁の問題）　〔Point1〕
- ●予想しよう。
  - ①Aルート　②Bルート　③同じ
- ●予想が正しいか調べてみよう！
  - →半径を適当な数値にしている生徒を取り上げる。
- ●たまたまじゃない？
  - ○文字を使えばいいよ！

2．課題の明確化

どちらが長いか文字を使って説明しよう。

3．個人思考・集団思考
- ●大きい円の半径をa，小さい円の半径をbとして，それぞれの長さを求めてみよう。
  - ○Aルート：$2 \times a \times \pi = \underline{2\pi a}$
  - ○Bルート小：$(2 \times b \times \pi) = \underline{2\pi b}$
    - Bルート中：$(a-b) \times 2 \times \pi = \underline{2\pi a - 2\pi b}$
    - よってBルートは$2\pi b + (2\pi a - 2\pi b) = \underline{2\pi a}$
- ●文字に表したけど，どちらが長いかわかる？
  - ○同じ式になるから同じ長さになる。
- ●文字にしても大きさや長さの比較はできそうだ。
- ●だったら，こんな形ならどうだろうか？※　〔Point2〕

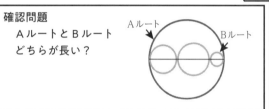

確認問題
AルートとBルート
どちらが長い？

- ●半径の長さを確認しよう。
  - 大きい円：a　左：b　中：c
  - 右：$(2a - 2b - 2c) \times \frac{1}{2} = a - b - c$
- ●それぞれのルートの長さを求めて比較してみよう。
  - →内部の円がいくつの場合でも等しいと帰納的に納得させる。

4．練習問題※　〔Point2〕
- ●他の図形でも文字を使って，円のときと同じことがいえるか，説明してみよう。

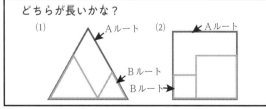

どちらが長いかな？
(1)　Aルート　Bルート
(2)　Aルート　Bルート

- ●どんなことがいえるかな？
  - ○ペアトーク

● 授業の実際

(1)本時の目標

文字を利用して，２つのルートの長さの関係について説明することができる。

（思考・判断・表現）

> **ここがPOINT！**
>
> 　数値を与えずに問題を提示して文字を使う必要感を生み，課題の明確化を早めることで集団思考の時間を確保し，統合的・発展的に考える楽しさを実感させる。

(2)授業展開

①問題提示・課題の明確化

問題提示において，長さの情報を与えずに図形の特徴だけ説明して「どちらが長いか？」と問い，予想させます。そして，「予想が正しいか調べてみよう」と投げかけると，半径の長さを測って求める生徒や，半径に適当な数値をあてはめて求める生徒が出てきます。

T　　予想しよう。

S　　①Aルート　②Bルート　③同じ

T　　それでは，それぞれの長さを求めて確かめてみよう！

S１　長さがわからないから求められない。

T　　そうだよね。あれ？　長さを書いた紙，忘れてきちゃった。どうしよう？

T　　（しばらくざわざわする。様子をみて）何かいい方法ないかな？

S２　実際に半径の長さを測ってみればいい。

S３　半径を適当な数値にしたらいい。

T　　では予想が正しいか調べてみよう。

個人思考の間に指名計画を立て，２名の生徒に式のみを板書させる。

T　　○○さんの式は，どういう考えなのかな？

板書した生徒とは別の生徒に説明させる。

S４　大きい円の半径を４㎝，左の円の半径を３㎝，右の円は１㎝として考えたと思う。

T　　S４さんの考えは伝わった？　（怪しいときは，もう１名に説明させる）

T　　次の式はどうですか？

S５　大きい円の半径を５㎝，左の円の半径を３㎝，右の円を２㎝として考えている。

T　　ということはどっちが長いの？

S　　同じ長さになる。

T　　だけど，その数値だから，たまたま等しいんじゃない？

T　　いつでもいえるのかな？

S6　文字で説明できれば，いつでも等しいといえます。

T　　文字を使って長さが同じと説明できる？（「うーん？」という表情を見取って）では，文字を使って説明できるか，みんなで考えていこう。

それを課題にしましょうかと投げかけて板書し，課題を明確化する。

②確認問題・練習問題

　一見，Aルートの方が長そうにみえる図のため，予想が分かれやすい問題です。そこで，確認問題では，同じ図形のままで，Bルートを小さな円を3つに増やした場合でも等しくなることを説明する問題にします。

T　　Bルートがこんな場合でも，どちらが
　　　長くなるか説明できますか？

停滞したら，各円の半径を確認する。

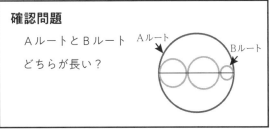

確認問題

AルートとBルート
どちらが長い？

さらに練習問題では，図形を円から正三角形にしたり，正方形にしたりしても同様のことがいえるかを問う問題を設定します。

T　　違う図形（正三角形や正方形）でも，
　　　円と同様に，外側の図形の周の長さと
　　　内部にある2つの図形の周の長さは，
　　　等しくなるかどうか説明しよう。

停滞した場合は，ヒントをいわせる。

S　　(1)正三角形や平行四辺形の性質，(2)正
　　　方形の性質を使う！

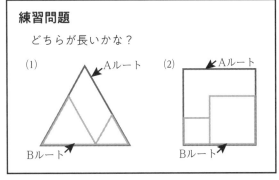

練習問題

どちらが長いかな？

この2つの問題について，みんなで対話的に考え合うことで，数学のよさや考える楽しさを実感させます。

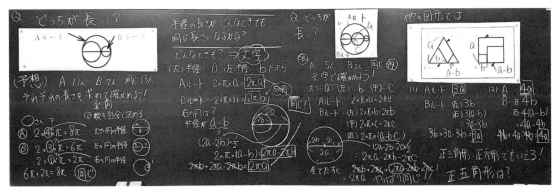

（柴田）

連立方程式

能率よく解くには，何に着目したらいい？

「連立方程式」（全12時間）のうち，本時は第４時にあたります。前時はどちらの係数を揃えるのかが比較的わかりやすい問題に取り組ませてきました。

問題

$$\begin{cases} 4x + 5y = 2 & \cdots① \\ 3x - 2y = 13 & \cdots② \end{cases}$$

Ａさん「x を消去して解くとよい」

Ｂさん「y を消去して解くとよい」

あなたはどちらの方法で解きますか？

● 授業づくりのポイント

Point1 取り上げる生徒の発言を絞る

「なぜその方法で解いたのか？」と発問して生徒に話し合わせると，多様な考えが出すぎて時間内に収束しなかったり，視点がぶれてしまったりしてしまいがちです。そのため，あらかじめ生徒の考えを予想しておき，どの考えをどの順番で取り上げるかを決めておきます。同じ考えの生徒を指名し，複数の生徒が補足し合って説明させる方法も有効です。

Point2 キーワードを板書する

多様な考えを整理するために，集団思考の過程で考え方のキーワードを板書していきます。これは，問題の式の係数に応じて能率よく解く方法を選択するために，どんな方法があるのかをまとめる必要があるからです。すべての考えが出終わった後にまとめるのでは時間がかかりすぎてしまうため，意図的に板書で顕在化して強調しておくことが重要です。

Point3 練習問題を本時の目標の達成に直結する内容にする

練習問題では，問題の解決過程で身につけた考え方を，実際の問題で活用できるようにします。そのため，単に解かせるのでは生徒は正答かどうかだけを気にしてしまうため，どのような方法で解けばいいのかを考えさせ，説明させる練習問題とします。このようにすることで，本時の目標からぶれない１単位時間の指導が実現できます。

学習活動（●教師, ○生徒）と評価（※）

1．問題提示（前頁の問題）
- ●２人の方法で解いてみよう。
  - ○解き方をノートに書く。
- ●AさんとBさんの解き方を，早くできた生徒に指名して黒板にかかせる。
- ●解き方を説明してください。
  - ○Aさん　　　①×３−②×４

    $12x + 15y = 6$

    $-)\ 12x - 8y = 52$

    $23y = -46$

    $y = -2$

    ②に代入

    $3x + 4 = 13$

    $x = 3$
  - ○Bさん　　　①×２+②×５

    $8x + 10y = 4$

    $+)\ 15x - 10y = 65$

    $23x\quad = 69$

    $x = 3$

    ①に代入

    $12 + 5y = 2$

    $y = -2$

2．課題の明確化

> どちらの解き方がよいだろうか？

3．個人思考・集団思考
- ○Aさん
  - ・x の係数をそろえた方が計算しやすい。
  - ・最小公倍数を見つけやすい。
- ○Bさん
  - ・最小公倍数が小さい。
  - ・加法で計算できる。
- ●文字を消去するためにポイントをまとめましょう。
  - ○最小公倍数に合わせたらよい。
  - ○できるだけ小さい数に合わせたらよい。
  - ○減法よりも加法の方がよい
- ●消去する文字の係数や符号を見て判断するとよいですね。

4．練習問題
- ○教科書の練習問題を解く。
- ●どちらの文字を消去させたのかをはっきりさせてから解かせる。
  - ○ペアで解き方を比較し合い，どちらの方法がよいかを交流する。

学習活動（●教師, ○生徒）と評価（※）

1．問題提示（前頁の問題）
- ●どちらも解くことはできそうですか？
  予想させる。
  - ○Aさんならできそう
  - ○Bさんならできそう
  - ○やってみなければわからない
- ●どちらの方法がよいと思いますか？
  - ○Aさん。最初にある数だから。
  - ○Bさん。なんとなく。

2．課題の明確化

> どちらの解き方がよいだろうか？

3．個人思考・集団思考
- ●考えてみよう。
  - ○解き方をノートに書く。
- ●Aさんの方法で解いている生徒にどのように解いているのか方針を説明させる。　〔Point1〕
  - ○Aさんは①×３−②×４で解けると思います。
  - ○３と４を12にすると解けると思います。
- ●Bさんの方針を説明させ，最小公倍数というキーワードを板書する。　〔Point2〕
- ●早くできた生徒を指名し，黒板に書かせる。
  - ○Aさん　　　①×３−②×４

    $12x + 15y = 6$

    $-)\ 12x - 8y = 52$

    $23y = -46$

    $y = -2$

    ②に代入

    $3x + 4 = 13$

    $x = 3$
  - ○Bさん　　　①×２+②×５

    $8x + 10y = 4$

    $+)\ 15x - 10y = 65$

    $23x\quad = 69$

    $x = 3$

    ①に代入

    $12 + 5y = 2$

    $y = -2$
- ●どちらの方法がよいか，よいと思った方に氏名札を貼ってください。
  理由を書かせ，「最小公倍数」「数の大小」「加法か減法」にしぼって取り上げる。　〔Point3〕

4．練習問題
- ●問題を解くための方針「①×△　②×◇」をかかせ，その理由を説明させる。※
  - ○早く終わった生徒は解いて解を求める。

● 授業の実際

(1)本時の目標

連立2元1次方程式の加減法による解き方の方針を説明することができる。

（思考・判断・表現）

(2)授業展開

> **ここがPOINT！**
>
> 　能率よく解くには，連立2元1次方程式のどのようなところに着目したらよいかを説明し合う活動を大切にする。

①問題提示・課題の明確化

　問題を板書し，ノートに書かせます。これまでの時間では，どちらか一方の式の両辺を何倍かして解くことまで学習しています。そのため，多くの生徒が加減法を使って解くことをイメージすることはできるので，どちらの方がよい解き方なのかを考えさせます。しかし，解いてみないとわからないという生徒が多いことも想定できます。

　Before では生徒に解かせてから課題を明確にしますが，After では解かせる前に課題の明確化を行い，本時では解き方の方針を決めることが大切だという本時の目標達成につなげます。

T　AさんとBさんのどちらの方法がよいと思いますか？

S　解いてみなければわからない（もうすでに勝手に解いている生徒もいる）。

T　どちらも解けそうですが，どちらの方がいいのか考えて解いてみよう。

T　どのように解いていますか？

S　Aさんは，①×3－②×4で解けます。

T　どうして？

S　x の係数が12になるから，加減法で x が消えるからです。

T　他の人はどうですか？　続けて解いてみてください。

S　Bさんはどうなるんだろう？

②個人思考・集団思考

　すべての生徒が解き終わるまで待つのではなく，少し時間が経ったら解き方の方針を生徒に尋ねて簡単に説明させます。このようにすることで，わからない生徒にも見通しをもたせることができます。Aさんの解き方が終わったら，Bさんの解き方を発表してもらいます。それと同時に，生徒を指名し，黒板にかかせます。すぐにどちらがよい方法かを聞くのではなく，本時の目標達成のために視点を絞って発問します。

T　　どうして両方の式を何倍かしたのですか？

S　　x か y の係数を揃えるためです。

T　　なぜですか？　どうして12と10なのですか？　他の数ではダメなのですか？

S1　文字を消去するためです。

S2　最小公倍数にするからです。公倍数なら何でもいいけど…。

T　　AさんとBさんでは違いはありますか？

S1　消去する文字が違います。

S2　加法か減法かが違います。

T　　これまでのことを考えて，皆さんならどちらの方法を選びますか？

　最小公倍数の大きさや加法か減法かを考え，自分なりの方針を決められるように指導します。氏名札を黒板に貼り，自分の意思を表明させます。このとき，「判断できない」という選択肢も用意しておき，なぜ判断できないのかを尋ね，生徒に話し合わせます。

　話合いの後，必ず最小公倍数が小さくなる方を選んだり，いつでも x の係数を揃えたりする必要はないため，問題に応じて方針を考えることが大切であるというまとめを行います。

③練習問題

　練習問題では，教科書にあるような加減法を用いた問題を解かせるだけではなく，「どちらの文字を消去するために①の式を△倍，②の式を◇倍して係数を□に揃えて計算する」という方針を答えさせます。全員が同じ方法で解く必要はないため，なぜそのようにしたのかを説明できることを大切にします。

　練習問題は，ただ技能を定着させるのではなく，確かな理解を図り，本時の目標がどれだけ達成できているかを確認する必要があります。

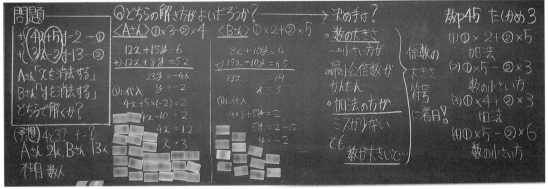

（若松）

1次関数

変化の割合を求めよう！

「1次関数」（全20時間）のうち，本時は第3時にあたります。本時は，1次関数の変化の割合は一定で a に等しいことを実感して求めることができる生徒の姿を目指します。次時では，反比例の変化の割合などを扱い，1次関数の変化の割合の特徴を明確にします。

問題

電気ポットで湯を沸かします。x 分後の水の温度を y℃とするとき，式は $y = 5x + 10$ となり，表は次のようになりました。

x	2	5	9
y	20	35	55

A　2分から5分の間　　B　5分から9分の間

AとBでは温度の上がり方が急なのは，どちらだろうか？

● 授業づくりのポイント

Point1 　問題提示は生徒とやりとりをしながら行う

問題文が長いために問題を紙に書いて貼り，印刷した紙を生徒に配ることが考えられますが，生徒にとって問題の内容が理解しづらい状況が生じる可能性もあります。そこで，少し時間はかかりますが，式を提示した後に，生徒とやりとりをしながら表を完成させていきます。

Point2 　1分間の温度の上がり方を求めている生徒の考えの一部を提示する

個人思考・集団思考の場面で，1分間の温度の上がり方を求めている生徒の考えの一部分である「$\frac{15}{3} = 5$」を取り上げて板書し，全体に「この人の考えがみえるかな？」と問います。生徒の挙手の様子や表情を見て，困り感をもっている生徒を指名して，「どのあたりがひっかかるの？」と聞きます。「15がどこからきたのかわからない」といった生徒の声に寄り添い，考えがみえた生徒にヒントを出させるなどして，増加量に着目した考えを学級全体で共有していきます。

Point3 　1次関数の変化の割合が $y = ax + b$ の a と等しいことに気づかせる

授業の終末において，「今日の問題の中で共通していることは何かな？」と全体に問います。この発問によって，生徒は「何があるのかな？」という目的意識をもって授業を振り返ります。また，複数の問題を比較することで，変化の割合が a の値と等しいことに気づく生徒の姿を引き出しやすくすることもできます。

Before

学習活動（●教師，○生徒）と評価（※）

1．問題提示（前頁の問題）
● （問題を紙で貼り）予想しよう。
　①A　②B　③同じ

2．課題の明確化

> どのように比べるといいのかな？

3．個人思考・集団思考
●困っている人に，何かヒントをいえる人はいますか？
　○割合で比べるといいよ。
　○1あたりどれくらいかを調べるといい。
●もう少し時間をとるので考えてみよう。
●今考えているところでいいので近くの人と話し合ってみよう。
　○A　$\frac{15}{3} = 5$
　　B　$\frac{20}{4} = 5$
　　よって，1分間に上昇している温度は同じ。
　○ひき算をしてみるといい。
●求められた5は何を意味するのかな？
　○1分間に上がる水の温度になります。
●x の増加量に対する y の増加量の割合を変化の割合といいます。

4．確認問題

> 1次関数 $y = 5x + 10$ で，x の値が -6 から -3 まで増加したときの変化の割合を求めよう。

$$\begin{array}{c|cc} & & +3 \\ x & -6 & -3 \\ \hline y & -20 & -5 \\ & & +15 \end{array}$$ 増加量を求めると $\frac{+15}{+3} = +5$

5．練習問題

> 1次関数 $y = -2x - 3$ で，x の値が次のように増加したときの，変化の割合を求めよう。
> (1)4から6まで
> (2)-5から-1まで

●教科書では，どのようになっているか確認しよう。
●教科書の問題に取り組ませて定着を図る。※

After

学習活動（●教師，○生徒）と評価（※）

1．問題提示（前頁の問題）　〈Point1〉
●予想しよう。
　①A　②B　③同じ

2．課題の明確化

> どのように比べるといいのかな？

3．個人思考・集団思考
● （A　$\frac{15}{3} = 5$ を取り上げて）この人の考え方はみえるかな？　〈Point2〉
　○15がどこからきたのかわかりません。
　○どうして分数が出てくるの？
●困っている人に，ヒントをいえる人はいますか？
　○数値の間を考えるといいよ。
　○ひき算をしてみるといいよ。
●求められた5は表のどこにあるのかな？
　○1分間に上がる水の温度なので，数値の間に出てきます。
●Bの方はどうなるのかな？
　○A　$\frac{15}{3} = 5$
　　B　$\frac{20}{4} = 5$
　　よって，1分間に上昇している温度は同じ。
●x の増加量に対する y の増加量の割合を変化の割合といいます。

4．確認問題

> 1次関数 $y = 5x + 10$ で，x の値が -6 から -3 まで増加したときの変化の割合を求めよう。

　→表をつくりながら確認問題を提示する。

$$\begin{array}{c|cc} & & +3 \\ x & -6 & -3 \\ \hline y & -20 & -5 \\ & & +15 \end{array}$$ 増加量を求めると $\frac{+15}{+3} = +5$

5．練習問題

> 1次関数 $y = -2x - 3$ で，x の値が次のように増加したときの，変化の割合を求めよう。
> (1)4から6まで
> (2)-5から-1まで

●最初の問題と確認問題，練習問題の中で何か共通していることはあるかな？　〈Point3〉
　○表を使って問題を解決している。
　○変化の割合が一定になっている。
　○変化の割合が a の値と同じになっている。
●教科書では，どのようになっているか確認しよう。
●教科書の問題に取り組ませて定着を図る。※

● 授業の実際

(1)本時の目標

1次関数の変化の割合を求めることができる。（知識・技能）

(2)授業展開

> **ここがPOINT！**
> 表を用いて変化の割合を求める際に，部分提示を生かすことによって協働的な問題解決を図る。

①問題提示と課題の明確化

　問題文の式を書いた後に，「2分のときは水の温度は何度になるかな？」と生徒に問いかけながら表を完成させていきます。このような生徒とのやりとりをしながら表を完成させていくことによって，Before のように問題を黒板に貼り，生徒に問題が書かれた紙を配るよりも式と表のつながりを生徒に捉えやすくすることができます。式と表の対応がついていないと，個人思考・集団思考の場面で，対応する値と増加量の区別がつかない生徒が現れることもあるものです。そのため，少し時間はかかりますが丁寧な問題提示を行いました。

　課題の「どのように比べるといいのかな？」については，予想させた後に，「少し時間をとるので調べてみよう」と試行錯誤の時間をとり，その中で，困っている生徒の「どうしたらいいかわからない」という声を生かして，「同じような気持ちの人はいるかな？」と全体に投げかけ，「じゃあ今日は，そこのところを課題としようか？」と自然な流れで明確化します。

②個人思考・集団思考

　個人思考・集団思考では，Before のように何もない中でヒントを出し続けたりペアトークを取り入れたりしても，本時の目標達成につながる生徒の発言を引き出しづらく，時間だけが過ぎてしまう可能性があります。そこで，$\frac{15}{3}=5$ を提示し「この人の考えがみえるかな？」と全体に問います。そして，発問に対する生徒の表情や動作を見取り，困り感をもっていそうな生徒に対して「どのあたりで困っているの？」「同じような部分で困っている人はいる？」などと投げかけ，生徒の式に対する困り感を焦点化して，その解決のために力を発揮しようとする生徒の姿を引き出します。

T　$\frac{15}{3}=5$ とノートにかいていたのだけれど，この人の考えはみえるかな？

T　（挙手を求め，手の挙がらない子に対して）どのあたりが困っているのかな？

S1　15がどこからきたのかわからない。

T　同じように困っている人はいますか？　確かに15は黒板のどこにもないですからね。

T　困っている人に何かヒントをいえる人はいますか？

S2　数値の間をみるといいと思います。

S3　ひき算をすると出てきます。

T　数値の間とはどういうことかな？　前で説明してもらえますか。

S4　xは2から5で3増加していて，yは20から35で15増加しています。したがって，15を3でわると5ずつ変わっていくことがわかります。

T　なるほど，この5は表におけるxの値が5のときの5だね（あえて間違える）。

S4　違います。

T　じゃあ5は表のどこにもないってこと？

S4　このままだったらありませんが，この5は表の…。

T　（説明の途中で）ちょっと待って。今S4さんは，このままだったらないと言っているけれど，みんなは5が表のどこにあるかみえるかな？　近くの人と確認してみよう。

S5　この5は表にかくとしたら…。

③確認問題・練習問題

　確認問題においても式を出した後，生徒とやりとりをしながら表を完成させて問題を提示します。導入問題と合わせて2回表を使って問題を解決することで，関数の対応する値と増加量との違いのイメージを生徒に実感させます。そのうえで練習問題に取り組ませることで，表を作成して問題を解決する生徒の姿を引き出します。そして，「今日の問題を解決した中で共通していることはあるかな？」と全体に問うことで授業全体の振り返りと，変化の割合がaの値と等しいことに気づく生徒の姿を引き出します。

T　今日は，3つ問題に取り組んだけれど何か共通していたことはあるかな？

　少し間をとった後，近くの人と考えを交流させる。この間に指名計画を練る。

S6　表を作成して問題を解決した。

S7　変化の割合が問題によって一定。

T　近くの人と交流していたとき，S8さんは，表をつくらなくても変化の割合を求められるといっていたけど，みんなはS8さんの考えがわかるかな？

T　（生徒たちの表情を見て）S9さん，S8さんが何に気づいたか説明してください。

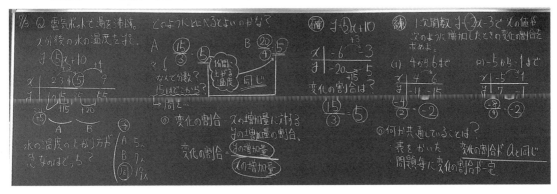

（野口）

1 次関数

どちらがお得なのだろう？

　「１次関数」（全20時間）のうち，本時は第18時にあたります。前時は「１次関数とみなすこと」について学習しました。次時は「１次関数と図形」の学習をします。

問題

　あなたは電気屋さんで冷蔵庫を販売しています。冷蔵庫Ａ，冷蔵庫Ｂがあります。どちらの冷蔵庫がお得だろうか。

　ただし，１年間当たりの電気代は常に一定であるとします。

	冷蔵庫 A	冷蔵庫 B
容量	500 L	500 L
本体価格	100000円	150000円
１年間あたりの電気代	11000円	6500円

〈参考〉平成31年度全国学力・学習状況調査問題　中学校数学⑥

● 授業づくりのポイント

Point1 　自分事として考えられるように問題を工夫する

　平成31年度全国学力・学習状況調査で扱われた問題を使用しました。事象を数学的に解釈して問題解決の方法を数学的に説明することを目的としています。「もしも，あなたが電気屋さんだったら」という状況を設定することで，お客さんを納得させるためには，どんな工夫をすればいいのかという目的意識をもって粘り強く考えようとする姿を引き出そうと考えました。

Point2 　生徒の考えを取り上げる順序を工夫する

　「もっと見た目でわかりやすく説明するため」にはグラフを使えばよいことや，「詳細な値を使って説明するため」には式を使えばよいといった生徒の考えを引き出すために，個人思考の時間に生徒の考えを把握しつつ，指名計画を立てます。まず，表の考えから取り上げた後に，視覚的に料金の違いを調べるためにグラフを使ったり，より厳密な値を引き出すために式を使ったりする文脈をつくります。このような工夫をすることで，グラフや式の有用性を生徒に味わわせることをねらいました。

Before

学習活動（●教師，○生徒）と評価（※）

1．問題提示（前頁の問題）
●どちらの冷蔵庫がお得だろうか？　予想しよう。
　○冷蔵庫Ａ　　○冷蔵庫Ｂ　　○わからない
●3つ目の予想のわからないとはどういうこと？
　○初めは冷蔵庫Ａが安いけど，年数が経つと冷蔵庫Ｂがお得になる。
●年数によって変わるということ？
　では，いつそのときが来るのかな？
　①表をつくる　　②グラフをつくる
　③式で表す

2．課題の明確化

> 表・式・グラフを使って，2つの冷蔵庫のどちらがお得なのか説明しよう。

3．個人思考・集団思考
●表・グラフ・式のどれでも構わないので，つくって調べよう。
　○表：表を3つつくりそれぞれを説明
　○グラフ：グラフの交点がわかれば，お得に変わる年がわかる。
●ところで，式はどうやって求めるのかな？
　○グラフが直線になるから1次関数。
　○$y = ax + b$になる。
●では，直線の式を求めよう。
●式はわかったけど，いつからお得になるかはわかっていないよ。式をつくっても意味がないのでは？
　○2つの式の連立方程式を解けばいい。
●表でもグラフでも式でも問題を解決できたね。
●では，実際に太郎君に説明するためにどれを使ってもいいのでプレゼンしてください。※
　→できたらペアトークで説明し合わせる。

4．練習問題

> 　Ａプラン，Ｂプランで携帯電話料金が同じになるのは，通話時間が何分のときですか。

	Ａプラン	Ｂプラン
基本使用料	1600円	3600円
通話料	1分当たり50円	25分まで無料　25分を超えた時間について，1分当たり40円

After

学習活動（●教師，○生徒）と評価（※）

1．問題提示（前頁の問題）
●今日は電気屋の店員です。どちらの冷蔵庫がお得かな？
　○この表だけではわからない。
●（お客さんの要望を伝える）　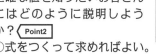 Point1
　☆10年以上は使いたい！
　☆よりお得なものを購入したい！
●どちらの冷蔵庫がお得なのか予想しよう。
　○冷蔵庫Ａ
　○冷蔵庫Ｂ

2．課題の明確化

> どちらがお得か，理由を説明しよう。

3．個人思考・集団思考
　（表をつくっている生徒の考えを取り上げる）
　○冷蔵庫Ａ
　　（年数0〜12までの金額をまとめた表）
　○冷蔵庫Ｂ
　　（年数0〜12までの金額をまとめた表）
●どうしてこんな表ができたの？
　○1年間で同じ料金ずつ増えるから。
●ではどちらがお得なの？
　①10年間で考えれば冷蔵庫Ａの方がお得。
　②12年経てば冷蔵庫Ｂの方がお得になる。
●どうして，そんなことがいえるの？
　○表で10年後のところを比較するとわかる。
●もっとわかりやすく説明してほしいというお客さんには，どのように説明する？　Point2
　○グラフにすればいい？
●では，グラフをつくろう。　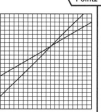
　○交点でお得がかわる。
●正確な値を知りたいお客さんにはどのように説明しようか？ Point2
　○式をつくって求めればよい。
●では，式をつくって求めてみよう。
　○Ａが $y = 11000x + 100000$
　○Ｂが $y = 6500x + 150000$
●これを使ってどうやって求められるの？
　○連立方程式を解けばグラフの交点がわかる。

4．確認問題※
●ペアで店員とお客になってプレゼンしよう。

5．練習問題

> 　新登場の冷蔵庫Ｃは，本体価格が120000円で1年間あたりの電気代が8000円です。この冷蔵庫はお得なのか説明しよう。

● 授業の実施

(1)本時の目標

事象を数学的に解釈し，1次関数を利用して問題解決する方法を説明することができる。

(思考・判断・表現)

> **ここがPOINT！**
>
> 問題に「もしも，あなたが店員だったら」と状況設定を加えることで，表・式・グラフを用いるよさを実感できるようにする。

(2)授業展開

①問題提示・課題の明確化

問題提示は，次のようなやりとりをして，課題の明確化につなげます。

T　今日は電気屋の店員です。今どっちの冷蔵庫にしようか迷っているお客さんがいます。

T　（2つの冷蔵庫の本体価格のみ提示）悩んでいる理由はわかるかな？

S　Aの方が安い。

S　よい冷蔵庫だけど欠陥があるとか？

T　惜しい。実はこんなデータもあるんだけど…（冷蔵庫の電気代も提示）。

S　お客さんがどんな冷蔵庫を買いたいのかわからないと薦められません。

T　お客さんの要望は「10年以上使うこと」「お得な方を買う」です。

T　さて，どっちがお得だと思いますか？

予想で立場を表明させ，自分の予想が正しいか考え続けるように仕向ける。

②個人思考・集団思考

この問題を解決するには，表・式・グラフのいずれかの数学的な表現を用いることになります。しかし，教師が意図的にこれらの考えを取り扱わないと，自分の解決方法を盲信し，他は参考程度にしか感じずに授業を終えてしまいかねません。そこで，一番多くの生徒が考えるであろう表の考えを最初に取り上げます。その後，「もっと見た目でわかりやすく説明してほしいというお客さんがいたらどうする？」と問い，目的意識をもたせてグラフの考えを引き出します。さらに，「正確な値を知りたがるお客さんにはどうする？」と問い，必要感をもたせて式の考えを引き出します。最後に，お客さんにプレゼンする状況で問題を解決します。

T　　どっちがお得か調べよう。（個人思考でしばらくしたら，表で考えた生徒に表を板書させる）どうしてこの表ができたの？

S1　0年のところは買ったときの冷蔵庫の金額で，1年ごとに電気代をたしていきました。

T　　なるほど。では，どっちがお得なのかな？

S2　Aの冷蔵庫。

T　　どうして？　S2さんの気持ちわかる？

S3　10年後の冷蔵庫の料金を比較したら，Aの方が安いからです。

T　　えっ，10年しか使わないの？

S4　12年後からは，Bの冷蔵庫の方がお得になる。

T　　どうして？　さっきは，Aの方だったのに？

S5　12年後を比較すると，Bの方が安くなっているからです。

T　　12年以降は？

S6　その後もAの方が1年にかかる料金が高いから，どんどんBの方が安くなります。

T　　本当？　15年後も？

S7　なっている。

T　　解決できたようなんだけど，「ぱっと見てわかりやすく説明してほしい」というお客さんもお店にはいるんだ。そんなお客さんにはどのように説明すればいいのかな？

S8　よくCMとかでやっているみたいに，グラフにすればいい。

T　　グラフであれば見た目でわかりそうだけど，グラフをつくって説明できるかな？

個人思考でしばらくしたら，グラフで考えた生徒のノートを投影する。

T　　このグラフを説明してもらっていい？

S9　表から1次関数になることがわかったから，グラフは直線になります。2つのグラフが交わっているところが同じ料金で，それ以降グラフが下にある方がお得です。

T　　本当だ，見やすい。だけど，「具体的に何年何か月かという数字を知りたい」というお客さんもお店にはいるかもしれない。どうしたらいいかな？

S10　式をつくって，グラフの交点の値を求めればいいです。

T　　グラフの交点ってどうやって求めるの？

S11　2つの式の連立方程式を解けばいい。

T　　本当？　では求めてみよう。

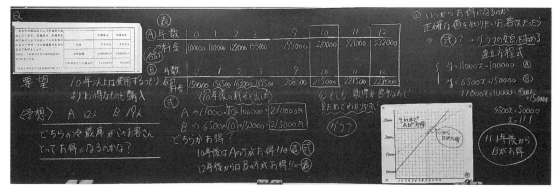

（柴田）

平行と合同

ターレスはどのようにしたのだろう？

「平行と合同」（全16時間）のうち，本時は第15時にあたります。前時は「証明のすすめ方」について学習しています。次時は単元末のまとめとして「章の問題」に取り組みます。

問題

古代ギリシャのターレスは陸上から直接測ることができない船までの距離を次のような方法で求めたといわれています。

①陸上の点Aから船Bを見る。

②点Aで体の向きを90°変え，距離を決めてまっすぐ歩いて棒を立て，その点をCとする。さらに同じ方向に点Aから点Cまでの距離と同じだけまっすぐ歩いて立ち止まり，その点をDとする。

④点Dで点Cの方を向き，船Bとは反対側に体の向きを90°変える。そこからまっすぐ歩き，点Cに立てた棒と船Bが重なって見える点をEとする。

⑤点Dから点Eまでの距離を測る。[1]

なぜこの方法でABの距離を求めることができるのだろうか。

〈参考〉平成23年度全国学力・学習状況調査「授業アイディア例」

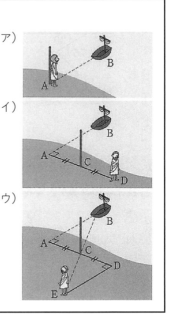

（ア）
（イ）
（ウ）

● 授業づくりのポイント

Point1 段階的に問題を提示する

アの挿絵を提示して，「この後，ターレスはどうしただろうか？」と予想させて，生徒と対話していきながらイ，ウと挿絵を段階的に示して，なぜこのような動きをしたのかという疑問を生じさせます。そして，「どうしてこの方法で船までの距離がわかるのか？」と問い，問題を提示していきます。このように問題の情報量が多いときには，印刷したものを配付して，ノートに貼らせるようにしています。

Point2 「途中まで」の考えを生かし，考え続けることを促す

「最初の条件を少し変更した場合でも，『ターレスの方法』は活用することができるのか？」と問い，条件を変更して，発展的に考えることを促します。Beforeでは，できた生徒に考えを発表させて，学級全体で共有する形をとりますが，Afterでは個人思考の途中でヒントとなる生徒の考えの一部を板書させたり，教師が意図的に問い返したりすることで，問題解決の過程を大切にして，学級全体で対話的に考え合う流れをつくっています。

| 学習活動（●教師，○生徒）と評価（※） | 学習活動（●教師，○生徒）と評価（※） |

1．問題提示（前頁の問題を配付）

●ターレスは次のように測ることのできない距離を求めました。なぜ，この方法で距離を求めることができるのでしょうか？
　○三角形の合同を利用したのでは？
　○合同であればＡＢ＝ＤＥがいえる。

2．課題の明確化

> ＡＢ＝ＤＥを証明しよう。

3．個人思考・集団思考Ⅰ

　○　△ＡＢＣと△ＤＥＣで
　　　仮定より
　　　∠Ａ＝∠Ｄ＝90°　　…①
　　　ＡＣ＝ＤＣ　　　　　…②
　　　対頂角は等しいので
　　　∠ＡＣＢ＝∠ＤＣＥ　…③
　　　①②③より
　　　１辺とその両端の角がそれぞれ
　　　等しいので，△ＡＢＣ≡△ＤＥＣ
　　　よって，ＡＢ＝ＤＥ

●ＡＢ＝ＤＥがわかると，なぜ船までの距離がわかるの？　ペアトークしよう。
　○ＡＢの長さはわからないけど，合同な三角形をかくことで，ＡＢ＝ＤＥとなり，ＤＥの長さは測れるので，その長さがＡＢになる。

●では，このような図の場合でも「ターレスの方法」でＡＢの長さを測ることができるだろうか？

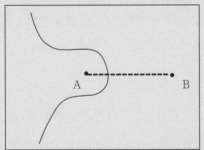

●ターレスの方法では，どんな図をかいたかな？
　○90°向きを変えて点Ｃをつくって，同じ長さを測って点Ｄをつくってかいた。

●90°の向きに歩けない場所だったとしても同じ方法で長さを求めることができるのかな？

4．個人思考・集団思考Ⅱ

　○∠ＢＡＣ＝∠ＥＤＣにするけど，90°にしないで，合同な三角形をかきました。

●では，今いったように図をかいてみよう。

●合同になりましたか？　では隣同士で合同だといえるか説明し合ってみよう。※
　　ＡＢ＝ＤＥを証明しよう。

1．問題提示

●ターレスはどうやって求めただろうか？（図アを提示） Point1
　○わからない。

●では，次の図を見てみよう。（図イを提示）
　○わかった。
　○まだわからない。

●では，最後の図を見せよう（図ウを提示）。
　○わかった。
　○まだわからない。

●これでターレスはＡＢの距離を求めたらしい。なぜ，この方法で求められるのでしょうか？（前頁の問題左を配付）

2．課題の明確化

> どうして，この方法でＡＢの長さがわかるのかな？

3．個人思考・集団思考Ⅰ

　○△ＡＢＣと△ＤＥＣが合同であることを証明すればよさそうだ。

●仮定と結論は何になるのかな？
　○仮定は∠ＢＡＣ＝∠ＥＤＣ＝90°
　　ＡＣ＝ＤＣ
　○結論はＡＢ＝ＤＥ

●証明の方針を説明しよう（証明の方針のノート記述をもとに集団思考）。

●では，このような図の場合でも「ターレスの方法」でＡＢの長さを測ることができるだろうか？

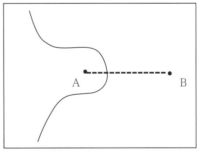

4．個人思考・集団思考Ⅱ Point2

●こんな図をかいている人がいるけど，90°じゃないけどいいのかな？

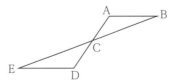

　○これでも合同がいえればできるかも…。
　○証明の方針を記述する。

●隣同士で説明し合おう。

● 授業の実施

(1)本時の目標

　事象を図形に着目して数学的に解釈し，成り立つ事柄の特徴を説明するとともに，解決方法を振り返って発展的に考えることができる。（思考・判断・表現）

(2)授業展開

> **ここがPOINT！**
> 　問題の図について「条件を変更しても成り立つのか？」を問い，考え合う楽しさを感じることができるようにする。

①問題把握・課題の明確化

　段階的に挿絵を示しながら問題をすることで，問題場面を理解しやすくし，課題の明確化までのストーリーを自然な流れにします。

T　（アを提示して）古代ギリシャのターレスは陸上から直接測ることができない船までの距離を求めたといわれています。どうやって求めたと思う？

S　わからない。

S　図をかいた？

T　図？　どんな図？

S　…。

T　では，次にターレスのとった行動は，「点Aで体の向きを90°変え，距離を決めてまっすぐ歩いて棒を立て，その点をCとする」というものでした（イを提示）。

S　あぁ，何となくわかった。

S　えっ，まだよくわからない。

T　隣同士で次にどう動くかの予想を話してみよう（ペアトークさせ机間指導する）。

S　自信ないけど…。

考えついた生徒がいれば，指名してどんな図をかいたか伝えさせるが，理由は説明させない。

T　では最後の行動を見てみよう（ウを提示）。

T　これで実測できない長さを測ることができたらしいんだよ。どうしてだろう？

この投げかけに続けて，課題を板書する。

②個人思考・集団思考Ⅱ

　「ターレスが90°に移動できない状況でも，この方法は使えるのかな？」と条件変更をした問題を提示します。この後，個人思考の時間になりますが，これだけではどのように考えてよいかわからない生徒が少なからず出ることが想定されます。そこで，生徒の考えを部分的に提示

させ，教師が問い返しながら集団思考をファシリテートしていきます。

T　（図を提示）今度は船がこんな場所にあるんだけど，先ほどの方法でＡＢの長さは測れるかな？

S　90°に移動できないから厳しい。

T　そうだよね。90°の向きに移動はできないね。では，90°の向きに移動できないと測ることはできないんだね。

S　90°に移動できなくてもできると思います。

T　えっ，できるの？　できると思う人は手を挙げてください。

T　何人かできると考えている人がいるようなので，少し考えてみよう。

　　1～2分個人思考の時間をとる。「90°でないけど何か図をかいている人がいる」と机間指導で教師がつぶやき，指名計画を立てる。

T　こんな図をかいている人がいるけど，何を考えているかわかる？

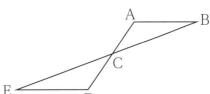

S　まず何度か決めて，動いてＣをとります。そして，同じ距離の分動いてＤをとり，最初に決めた角度の分動いて船と一直線になる場所をＥとします。

S　90°ではないからダメなんじゃない。

S　90°でなくてもいいんじゃない。

T　えっ90°じゃなくてもいいの？　どうして？

S　90°でなくても，∠ＢＡＣ＝∠ＥＤＣにすれば，1辺とその両端の角がそれぞれ等しくなるから合同といえるのでは？

T　本当に？　三角形の合同条件が成り立つの？

本時は証明を書くことを目標とはしていないので，方針を全体で共有することにとどめます。

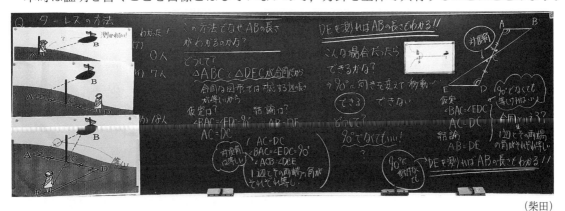

（柴田）

―引用・参考文献―
1）学校図書株式会社（平成27年度用），『中学校 数学［2］』，p.136.

三角形と四角形

二等辺三角形になることを示すためには？

「三角形と四角形」（全21時間）のうち，本時は第５時にあたります。二等辺三角形の底角が等しいことを学習した後，二等辺三角形になるための条件を扱うと仮定と結論を混同してしまう生徒が少なからずいます。そこで，課題の明確化を図るために，シンプルな問題を扱うようにしました。

問題

次の三角形は何という三角形ですか。

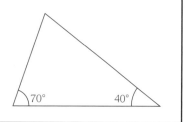

● 授業づくりのポイント

Point1 　課題の明確化までの流れを自然で端的なものにする

抽象的な図形から，生徒たちが自らの問いとしての課題を見いだすことは大切です。しかし，課題を明確にするまでに時間がかかりすぎてしまっては，本時のねらいとは違う方向に生徒たちの思考が傾いてしまったりすることもあります。そこで，本時では，角の大きさを具体的な数値で与えるようにしました。問題提示後に「どんな三角形になるか？」と問うことで，生徒から「２つの角が等しいから二等辺三角形になる」という反応が出されます。それに対して，教師が「本当に２つの角が等しい三角形は二等辺三角形になるの？」と問い返すことにより，課題の明確化につなげていきます。また，集団思考の場面で複数の証明を比較検討することによって，本時の目標を達成する生徒の姿を引き出すことができると考えました。

Point2 　補助線の意図を推測し，複数の仮定を考えて検討する

頂角の二等分線を引いて２つの三角形の合同を証明する流れの中で，補助線を引くという発想は，生徒たちから比較的出されることが多いと感じています。しかし，その補助線にどんな意味をもたせて引いたのか理解できていない生徒も少なくないのが実際ではないでしょうか。そこで，「どういう補助線を引いた？」「どうしてその補助線を引いたの？」などと問い返し，そこから仮定を意識させたいと考えました。また，その補助線が垂線になっていたり，底辺の中点と連結する線分になっていたりすることにも気づかせ，一つの補助線でも意図を変えると仮定が変わり，証明の内容も変わってくることを実感させたいのです。補助線を意図をもって引くことで，問題の解決につながるということを繰り返し指導することが大切です。

Before | **After**

| 学習活動（●教師, ○生徒）と評価（※） | 学習活動（●教師, ○生徒）と評価（※） |

Before（左列）

１．問題提示
● （紙テープを折った図を見せ）テープの重なった部分はどんな三角形になりますか？
　○二等辺三角形になりそうです。
●理由を考えてみましょう。
　○テープを平行線とみることができるので，錯角が等しいから∠ACB＝∠CBD
　○テープを折りたたんだので，
　　∠ABC＝∠CBD
　○その２つのことから∠ABC＝∠ACB
　○そうか，底角が等しいから二等辺三角形になる。
●２つの角が等しい三角形が二等辺三角形になるといってよいですか？
　○いえないの？

２．課題の明確化

> 　２つの角が等しい三角形の２辺は等しいことを証明しよう。

３．個人思考・集団思考
●仮定と結論を確認しましょう。
　○仮定　２つの角が等しい
　　∠B＝∠C
　　結論　２つの辺が等しい
　　AB＝AC

●証明の方針を考えましょう。
　○三角形の合同なら証明できる。合同な三角形をつくるには，AからBCに向かって補助線を引けばよい。
●その補助線は∠Aの二等分線を引いたと考えると証明しやすいです。
　○△ABDと△ACD
　　ADは共通　　　　　…①
　　仮定より∠B＝∠C　…②
　　∠Aの二等分線を引いたので
　　∠BAD＝∠CAD　　…③
　　②③より，三角形の内角の和は180°なので，
　　∠ADB＝∠ADC　　…④
　　①③④より，１組の辺とその両端の角がそれぞれ等しいので，
　　△ABD≡△ACD
　　合同な図形の対応する辺は等しいので，
　　AB＝AC
●これで，２つの角が等しい三角形は二等辺三角形になることが証明できましたね。
●定理を教科書で確認しましょう。

４．練習問題※
●教科書の練習問題をやってみましょう。

After（右列）

１．問題提示（前頁の問題）
　○角度の書いていない角は70°になるので，底角が等しいから二等辺三角形だ。
●本当にそれでいいですか？
　○二等辺三角形の底角は等しいことは，証明しました。
　○だけど，今の場合は二等辺三角形かどうか，わからないところから始まっているよ。
●では，みんなで証明してみましょうか？　　◁ Point1

２．課題の明確化

> 　２つの角が等しい三角形の２辺は等しいことを証明しよう。

３．個人思考・集団思考
●仮定と結論を確認しましょう。
　○仮定　２つの角が等しい　∠B＝∠C
　○結論　２つの辺が等しい　AB＝AC
●証明の方針を考えましょう。
　○三角形の合同の証明ならできる。合同な三角形をつくるには，AからBCに向かって補助線を引けばよい。

●この補助線は，どのように引いた補助線なのですか？　　◁ Point2
　○BCの中点とAを結んだ…ア
　○∠Aの二等分線…イ
　○AからBCへ垂線を下ろした…ウ

ア　BD＝CD　　イ　∠BAD＝∠CAD　　ウ　∠ADB＝∠ADC

●どれが証明しやすいか考えてみよう。※
　○ア　２組の辺が等しいけど，間の角の，
　　　　∠ADB＝∠ADCがいえないような。
　○イ　共通な辺がある。三角形の内角の和が180°であることから，両端の角が等しいことをいえそうだ。
　○ウ　イと同様にできるかも。
●やりやすいものを選んで証明しよう。
　○イとウは証明できた。
　○アは合同条件に結びつかないよ。
●定理を教科書で確認しましょう。

４．練習問題
●教科書の練習問題をやってみよう。

● 授業の実際

(1)本時の目標

「二等辺三角形になるための条件」の定理を証明することができる。（知識・技能）

(2)授業展開

> **ここがPOINT！**
> 　具体的な数値を示して問題を提示し，課題の明確化までの時間を短くするとともに，集団思考で「補助線の意図」を明確にする。

①問題提示・課題の明確化

　Before では，紙テープを折ってできた図形の中に二等辺三角形を見いだす活動から始まります。この問題提示では，2つの角が等しいことを全体で共有するまでに，「折り返しているため重なる部分の角は等しい」「平行線の錯角は等しい」「三角形の2つの角は等しくなっているが2つの辺が等しいことは，まだ明らかになっていない」の3点を確認しなくてはなりません。そのため，結構な時間がかかってしまい，集団思考の時間を圧迫しかねないのが実情です。

　After では，本時の目標の達成にとって最も重要な集団思考に十分な時間を割き，補助線の意図を丁寧に指導するために，きっかけとしての問題を具体的な数値を提示し，課題の明確化までの流れをシンプルに扱っています。

- S　この三角形は二等辺三角形になります。
- T　なぜ，二等辺三角形になるのですか？
- S　70°の角が2つあるから，底角が等しいので二等辺三角形になります。
- T　本当にそういえますか？
- S　え，二等辺三角形の底角が等しいことは証明したので使えますよね。
- S　けど，この問題は二等辺三角形かどうかわかっていない。
- S　そうか。底角が等しいとき，二等辺三角形になるかどうかってことか。
- S　証明しなければならないんじゃない。
- T　それでは，そのことを証明してみましょう。

②個人思考・集団思考

　証明する過程で，頂点Aから辺BCに向かって補助線を引く必要が出てきます。補助線を引くというアイデアは生徒たちから出てきますが，「どのような補助線を引いたか？」という補助線の意図はなかなか出づらいものです。そこで，生徒から「補助線を引く」という発言が出てきたタイミングで，まず「補助線を引く」と教師が強調して板書します。続けて意図的に中点を大幅に外すように補助線をかくことで，生徒が「そうじゃない！」と前のめりになるよう

仕向けます。そして，生徒相互や学級全体での対話が生まれ，その対話の中で，どのように補助線を引いたかを意識できるようにしました。

T　どうやって証明しましょうか？

S　三角形の合同の証明ならできるけど…。

T　この図には三角形は1つしかないけど，どうする？

S　Aから線を引いて2つの三角形に分ければいい！

T　では，Aからの補助線を引いてみましょう。

Aから辺BCの中点を大きく外した補助線を引く。

S　その線ではできません。

T　Aから線を引いて2つの三角形に分けたのに，この線ではダメなのかな？

S　Aから線は引いているけどその線ではダメです。

T　では，どのように線を引いて考えるといいのか，やってみましょう。

個人思考の時間をとり，その中で以下のア〜ウの補助線を取り上げる。

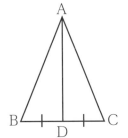 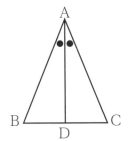 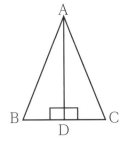

T　ア〜ウの補助線はどのように引いた線ですか？

S　アはBD＝CD，イは∠BAD＝∠CAD，ウは∠ADB＝∠ADC＝90°です。

T　見た感じの線はすべて同じようにみえますが，すべて，これを仮定として証明できるかな？　実際にできるか証明の方針を立ててみよう。

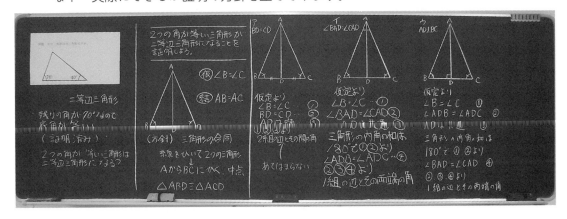

（後藤）

データの分布

ヒストグラムに対応する箱ひげ図はどれ？

「データの分布」の配当時数は，移行内容の分量や現行の高等学校の教科書の取扱いを検討して3時間としました。前時は「四分位範囲と箱ひげ図」について扱っています。次時は「箱ひげ図とデータの散らばり」について学習します。

問題

X，Y，Zの箱ひげ図のいずれかは，A，Bのヒストグラムに対応しています。Aのヒストグラムに対応する箱ひげ図はどれだろうか。

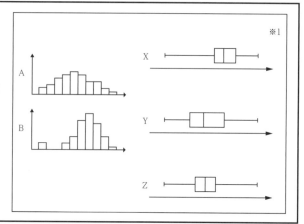

※1

● 授業づくりのポイント

Point1 〉 **教科書を逆から教える発想の問題を提示する**

この問題は，高等学校の教科書ではヒストグラムに対応する箱ひげ図について判断する練習問題として取り上げられています。この問題を提示することによって，結果から過程を解析的に考え合う活動を構想でき，生徒に目的意識をもたせることができると考えました。

Point2 〉 **箱ひげ図，ヒストグラム，ドットプロットの関係を視覚的に捉えられるようにする**

ヒストグラムの山の高い部分の位置と箱ひげ図の箱の位置の関係や，ヒストグラムの散らばり具合と箱ひげ図の箱の長さの関係に気づけるように働きかけることが大切です。特にヒストグラムと箱ひげ図，データの関係について，確かな理解を図るために，マグネットを使ってドットプロットをつくり，データの散らばりの様子を視覚的に捉えられるようにしました。

Point3 〉 **本時の目標達成に迫るような練習問題を工夫する**

1つ目の練習問題は，ヒストグラムの山が高くなっている位置と箱ひげ図の箱の位置の関係を使って判断し説明させることで，本時の目標の達成に迫るようにします。2つ目は，それらの関係だけではなく，ヒストグラムの散らばり具合と箱の長さの関係も使って判断し説明させることで，本時の目標の達成を確実にするようにします。

学習活動（●教師，○生徒）と評価（※）

1．問題提示

> 下のヒストグラムと箱ひげ図は，ある高校の1年生の体力テストにおける50m走の結果を，男子と女子に分けて表したものです。
>
> 男子のヒストグラムに対応する箱ひげ図はアとイでは，どちらだろうか。
>
>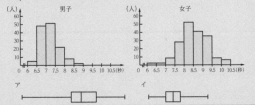

● ヒストグラムを提示した後，アとイの箱ひげ図を横に提示し，「男子のヒストグラムに対応する箱ひげ図は？」と板書し，問題文を提示して，答えを予想させる。

2．課題の明確化

> ヒストグラムのどこに着目して判断すればよいのかな？

3．個人思考・集団思考

○男子⇔イ
　ヒストグラムの山の高い部分（面積が大きいところ）が左に偏っていて，箱ひげ図の箱があるところに対応している。

● ここまでの話を振り返ると，ヒストグラムのどこに着目して判断すればよかったのかな？
○ ヒストグラムの山の高い部分の位置に着目して判断すればいいです。

4．練習問題

> 次のA～Cのヒストグラムについて，それぞれに対応する箱ひげ図として適切なものをX～Zの中から選ぼう。※
>
>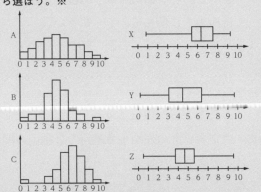

※ヒストグラムと箱ひげ図の関係について，説明しているかどうかを，発言やノートでみる。

学習活動（●教師，○生徒）と評価（※）

1．問題提示（前頁の問題） 〈Point1〉

● A，Bのヒストグラムを提示した後，X～Zの箱ひげ図を横に提示し，「Aのヒストグラムに対応する箱ひげ図は？」と板書し，問題を提示し，答えを予想させる。

2．課題の明確化

> ヒストグラムのどこに着目して判断すればよいのかな？

3．個人思考・集団思考

①B⇔X
　ヒストグラムの山の高い部分（面積が大きいところ）が右に偏っていて，箱ひげ図の箱があるところに対応している。

● Aのヒストグラムに対応する箱ひげ図はYとZではどちらかな？　ドットプロットはどんな様子になるのかを使って説明しよう。 〈Point2〉

②A⇔Y
　Bのヒストグラムの散らばり具合でXよりも散らばっているからYだ。

● ここまでの話を振り返ると，ヒストグラムのどこに着目して判断すればよかったのかな？
○ ヒストグラムの山の高い部分の位置や，散らばり具合に着目して判断すればよいです。

● Zの箱ひげ図に対応するヒストグラムを提示して確認する。

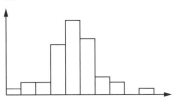

4．練習問題 〈Point3〉

> A～Cのヒストグラムについて，対応する箱ひげ図をX～Zから選びましょう。また，そのように判断した理由を説明しよう。※
>
>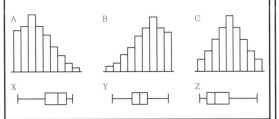

※ヒストグラムと箱ひげ図の関係について，説明しているかどうかを，発言やノートでみる。

授業の実際

(1)本時の目標

ヒストグラムと箱ひげ図の関係について説明することができる。(知識・技能)

(2)授業展開

> **ここがPOINT！**
> ヒストグラムと箱ひげ図の関係について確かな理解を図るために，箱ひげ図に対応したヒストグラムの概形とドットプロットをつくり，相互に関連づけて話し合う。

①問題提示・課題の明確化

Before の問題では，答えが見た目で予想できてしまうため，生徒の学習意欲を引き出しづらいように思います。そこで，After のように問題を提示して予想させることで，「本当に正しいのだろうか？」などの気持ちを生じさせ，問題を解決する必要感につなげていきます。問題提示では，一度にではなく段階的にヒストグラム，箱ひげ図の順に提示することで，「おや？」という気持ちを引き出し，問題の意味を学級全体で共有したうえで個人思考・集団思考に誘います。結果を予想させると，X を選択する生徒は少なく，X は B に対応しているはずだという声が上がります。その根拠を問うことで，課題の明確化につなげることができるのです。

②個人思考・集団思考

Before のように，箱ひげ図とヒストグラムを見比べて考えるだけでは，具体的なデータの散らばりの様子がみえにくく，確かな理解につながらないように思います。そこで，After のように箱ひげ図から情報を読み取り，データの散らばりの様子をイメージできるように，ヒストグラムの概形とマグネットでドットプロットをつくりました。データの散らばりの様子を視覚的にわかりやすくすることで，確かな理解につなげることができます。

T もとのデータが7つあったとして，ドットプロットでデータの散らばりの様子を表すとどのように並ぶといえそうですか？　ちょっと近所の人に伝えてみてください。

S まず，ひげの位置から，最小値と最大値が決まります。そして，右側に箱があるので，データはこのように並ぶと思います。

S いや，違うと思います。四分位数の部分がおかしいです。

T どういうことですか？

S 第2四分位数は箱に対応してここになります。マグネットの左から2番目と3番目の間のデータが第1四分位数になるので，ドットはこのようになります。

T 第1四分位数はこのような意味でいいのですね？

S それは違うと思います。前の時間に，第1四分位数は7つのデータの場合，左から2番

目の数になるので，このように並ぶのが正しいと思います。

T　では，データの散らばり具合には，どんな特徴があるといえそうですか？

S　右に偏っていると思います。

T　BはXとわかりました。Aも同様に考えればわかりますよね？

S　それだけではYとZの第2四分位数は同じ位置にあるので，判断できないです。

T　では，どのように判断すればいいのですか？

S　Bのヒストグラムをみると，データの散らばり具合が山の高い部分に集まっているといえます。同じようにデータが集まっているとすると，Aのヒストグラムは Z の箱ひげ図に対応しているといえますが，Bのヒストグラムよりも A のヒストグラムの方がデータが散らばっていると判断できるので，Aのヒストグラムは Y に対応しているといえます。

③練習問題

　練習問題では，ヒストグラムの山が高くなっている位置と箱ひげ図の箱の位置の関係を使って，判断し説明させることで，本時の目標達成に迫ります。さらに，時間があれば，ヒストグラムの山が高くなっている位置と箱ひげ図の箱の位置の関係だけではなく，ヒストグラムの山の形と箱の長さの関係も使って，判断し説明させる練習問題に取り組ませることで，本時の目標の達成を確実にすることも考えられます。

T　では，1題試してみましょう。（練習問題を提示）A～Cのヒストグラムは，X～Zの箱ひげ図のどれかに対応しています。どの箱ひげ図に対応していると判断できますか？

S　AはZ，BはX，CはYに対応しています。

T　どうして，そのように判断したのですか？

S　ヒストグラムの山の高い部分が左にあるから，AはZに対応しています。同じように考えて，BはX，CはYに対応しているといえます。

T　ヒストグラムのどこに着目して判断したのですか？

S　ヒストグラムの山の高い部分の位置に着目しました。

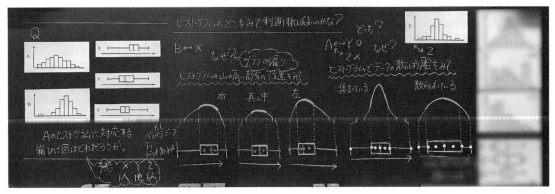

（赤本）

―引用・参考文献―
1）東京書籍株式会社（平成28年度用），『数学Ⅰ　Standard』，p.169.

多項式

共通因数は，どのように見つけたらいい？

「多項式」（全19時間）のうち，本時は第8時にあたります。因数分解の意味を確認し，分配法則を使って共通な因数をくくり出せるようになることが目標です。教師が共通因数を教え込むのではなく，数学的活動を通して生徒に共通因数とは何かを気づかせるようにします。

問題

展開をした式です。

$\boxed{} = 4x^2 + 12x$

$\boxed{}$ に入る式は何だろうか？

● 授業づくりのポイント

Point1　生徒の予想を意図的な順番で取り上げ，自然な思考の流れで課題を明確化する

本時の課題に向かうために，生徒が予想した考えを教師の意図する順番で取り上げます。本時は因数分解が展開の逆であることを理解させるために，予想の段階ですぐに誤答を提示し，展開の意味を確認します。分配法則を用いて因数分解しているいくつかの予想を取り上げますが，集団思考で生徒にそれらの比較をさせたいという意図があるため，最後に正答を取り上げています。

Point2　確認問題を位置づけ，比較を通して本時の目標を達成させる

最初の問題の解決だけでは，因数分解の意味を知ることにしかなりかねません。そのため，確認問題を提示し，問題の解決のために必要な見方・考え方を比較させ，共通因数の意味の理解を深めます。

共通な因数の意味を教師が結局教えてしまうのではなく，生徒が気づくように意図的に比較を取り入れ，数学的活動を充実させます。

Point3　授業のまとめを問題の解決過程に位置づけ，生徒の発言を板書に残す

集団思考の段階で比較を取り入れ，課題を解決していく中で生徒は多くのことに気づき，発言します。生徒の考えを意図的に取り上げ，問い返しを行いながら，特に考え方のキーワードを黄色などのチョークで板書します。

すべてが終わってから時間をとってまとめるのではなく，生徒の気づきを生かして問題の解決過程でまとめを行っていきます。

学習活動（●教師，○生徒）と評価（※）	学習活動（●教師，○生徒）と評価（※）
1．問題提示（前頁の問題） ●予想してみよう。 　○いくつかの式をノートに書く。 　①$2(2x^2+6x)$　　②$4(x^2+3x)$ 　③$x(4x+12)$　　④$4x(x+3)$ 　⑤分数でくくっている式 ●順不同に取り上げ，説明させる。 　「分配法則」「共通」というキーワードが生徒の説明で出るように意図的に発問し，板書する。 　○教科書を用いて因数分解の意味について確認する。 　・分配法則を用いて共通因数をくくり出す。 　・共通因数を残らずくくり出す。 ●どれが正解だろうか？　なぜか？ 　○④番…かっこの中に共通因数がない。 ●共通因数がわかればできそうだね **2．課題の明確化** 　　どのように共通因数を見つけたらよいか？ **3．個人思考・集団思考** ●問題に振り返って考えさせ，発表させる。 　○係数に着目すればよい。 　○係数の最小公倍数を求めればよい。 　○文字を書き出してみるとよい。 　○（かっこ）の中を確認するとよい。 　○文字の次数に着目すればよい。 ●確認問題を提示する。 　⑴$4x^2+6x$ 　⑵$12ax+8bx$ 　　→共通因数は何かを説明させる。 　　→共通因数の見つけ方を振り返らせる。 **4．練習問題** 　○教科書の練習問題を解く。 　→共通因数は何かを重視し，どのように見つけたかを説明させる。 　○ペアで式を出し合い，共通因数を答える練習を行う。※ ●今までの学習でもあったかな？ 　→これまでの学習を振り返らせる。 　○2年の式の説明であった。 　○偶数のときは2（式）の形にした。 　○3の倍数のときは3（式）の形にした。 ●これまでの学習と統合し，目的に応じて式の形を変形することの意義を確認する。 　　　　　　（式の活用でもう一度学習する）	**1．問題提示（前頁の問題）** ●予想してみよう。 　○いくつかの式をノートに書く。 　（その1）和の形である式 　$2x^2+2x^2+6x+6x$ 等　　　◁Point1 ●すぐに（その1）を取り上げ展開の意味を確認する。 　○積の形の式になるよう意識して考える。 　○（その2）積の形である式 　①$2(2x^2+6x)$　　②$4(x^2+3x)$ 　③$x(4x+12)$　　④$4x(x+3)$ 　⑤分数でくくっている式 ●①～④の順番で取り上げ，説明させる。 　→「分配法則」「共通」というキーワードが生徒の説明で出るように意図的に発問し，板書する。 　○教科書を用いて因数分解の意味について確認する。 　・分配法則を用いて共通因数をくくり出す。 　・共通因数を残らずくくり出す。 ●どれが正解だろうか？　なぜか？ 　○④番…かっこの中に共通因数がない。 ●共通因数がわかればできそうだね。 **2．課題の明確化** 　　どのように共通因数を見つけたらよいか？ **3．個人思考・集団思考** ●確認問題を提示する。　　　　　　◁Point2 　⑴$4x^2+6x$ 　⑵$12ax+8bx$ 　○問題を含む3つの式を比較し，共通因数は何かと見つけ方を説明させる。 ●キーワードを板書し，まとめにする。　◁Point3 　→具体例を用いて説明させる。 　○係数の最小公倍数を求めればよい。 　○文字を書き出してみるとよい。 　○（かっこ）の中を確認するとよい。 　○文字の次数に着目すればよい。 **4．練習問題** 　○教科書の練習問題を解く。 　→共通因数は何かを重視し，どのように見つけたかを説明させる。 　○ペアで式を出し合い，共通因数を答える練習を行う。※ ●今までの学習でもあったかな？ 　→これまでの学習を振り返らせる。 　○2年の式の説明であった。 ●これまでの学習と統合し，目的に応じて式の形を変形することの意義を確認する。 　　　　　　（式の活用でもう一度学習する）

授業の実際

(1)本時の目標

　因数分解の意味を理解するとともに，分配法則を使って共通因数をくくり出すことができる。

（知識・技能）

(2)授業展開

> **ここがPOINT！**
> 　共通因数の見つけ方を理解させるために，式を比較させながら，具体例を用いて説明し合う活動を大切にする。

①問題提示・課題の明確化

　問題を板書し，ノートに書かせます。展開には特に触れず，すぐに生徒に予想させます。生徒は「答えは１つなの？」と疑問をもちますが，「１つとは限らない」と伝えます。Before ではいろいろな式を取り上げ，時間をかけて因数分解について気づかせるのに対し，After では机間指導を行う中で，和の形である式（積の形の式になっていない）をかいている生徒を取り上げて答えさせます。

　「本当にこれでいい？」と発問し，展開の意味に気がついた生徒に発表させ，展開の意味をノートや教科書を用いて確認します。□□□に入る式は，積の形にしなければならないことを強調した後，続けて考えさせます。

　　① 　$2(2x^2+6x)$　　② 　$4(x^2+3x)$

　　③ 　$x(4x+12)$　　④ 　$4x(x+3)$

　Before では生徒が考えた式をすべて順不同に取り上げますが，After では①〜④の順番で取り上げます（①②はどちらからでもかまいません）。中には分数を使って表す生徒もいるので，⑤として取り上げます。

　この際，①〜④以外は無理に取り上げる必要はありません。早い段階で①②を取り上げると，③④を書く生徒が増えていきます。

　　T　つくった式を答えてください。

　　S　$2x^2+2x^2+6x+6x$ としました。

　　T　これでいいですか？

　　S　計算したらなるけど，展開だから…。

　　T　展開の意味を確認しましょうか。

　　S　展開は積の形の式を和の形にすることです。だから違います。

　　T　では，違う式を考えた人に答えてもらいます。

　生徒とのやりとりの中で，分配法則と共通な因数に着目させ，必要感をもって意味理解できるように指導します。じっくり時間をかけるのではなく，短い時間でのやりとりを繰り返し，教科書を用いて因数分解の意味を確認します。そして，④の式が望ましいことに気づかせ，「共通な因数は残らずくくり出すこと」を確認し，本時の課題である「どのように共通因数を見つけたらよいか？」を板書します。

②個人思考・集団思考

　授業の最初の問題で，すべてを一つずつ取り扱ってからの確認問題では，時間がかかってしまいます。課題を解決するために，確認問題をすぐに提示し，式を比較させることによって共通因数について生徒が気づき，実感的に理解させることが大切です。

> **T**　次の2つの式を因数分解してみましょう。
>
> 　(1)　$4x^2 + 6x$　(2)　$12ax + 8bx$
>
> **T**　共通因数の「数」はどのように見つけたらいいでしょうか？
>
> **S**　それぞれの項のわりきれる数を見つけるといいと思います。
>
> **T**　(2)は2でもわりきれるよ！
>
> **S**　一番大きい数でないとかっこの中に共通因数が残ります。
>
> **T**　どんな数といったらいいですか？
>
> **S**　最大公約数！
>
> **T**　共通因数の「文字」はどのように見つけたらいいでしょうか？
>
> **S**　どちらの項にも含んでいる文字を書いてみるといいと思います。

　共通因数を考えるとき，「各項の係数の最大公約数を見つけるといい」ことを生徒から発言させることが重要です。本時の目標達成のために一番大切なことは，教師が教え込むのではなく生徒たちが気づくようにするという教師の覚悟です。

　練習問題では，因数分解の答えのみを聞くことにとどまることなく，共通因数をどのように見つけたかを説明させるようにします。

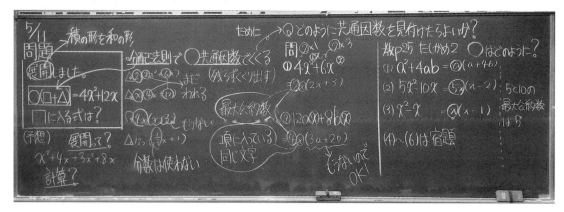

（若松）

平方根

長い辺は短い辺の長さの何倍になっている？

「平方根」（全16時間）のうち，本時は第15時にあたります。前時は根号をふくむ式のいろいろな計算について学習しています。次時は，単元末のまとめとして「章の問題」に取り組みます。

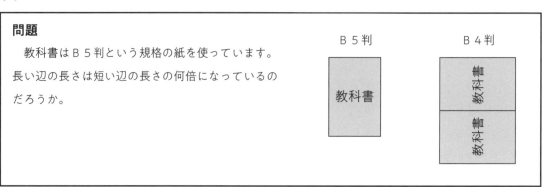

問題

　教科書はＢ５判という規格の紙を使っています。長い辺の長さは短い辺の長さの何倍になっているのだろうか。

Ｂ５判

教科書

Ｂ４判

教科書

教科書

● 授業づくりのポイント

Point1　いろいろな考え方ができる問題を提示する

　この問題は，Ｂ５判とＢ４判の関係を見せずに提示することも考えられますが，その場合，集団思考で比例式の考えを引き出す流れをつくりにくくなってしまいます。そこで，小学校６年の，形が同じだったら，拡大図・縮図の関係から比が等しくなるという既習内容の想起を促しつつ，比例式の考えを引き出すことをねらいました。

Point2　教科書をヒントとして活用する

　「正確には長い辺の長さは短い辺の長さの何倍になっているのかな？　短い辺の長さを１とみて説明しよう」と課題は明確にすることはできましたが，どのように解決したらいいのか行き詰まってしまい，多くの生徒が停滞することがあります。そのようなときは，「教科書ではどのように考えているのか見てみよう」と投げかけ，教科書の図などから自分なりに考えたことを生徒たちに表現し合わせて，学級全体で課題を解決していきます。

Point3　生徒の考えを取り上げる順序を意図的に計画する

　まず，紙を折る考えから取り上げます。「正確かどうかは折る考えだけではわからない」という生徒の声を生かして，「より正確に求める方法はないかな？」と考え続ける必要感をもたせます。そのうえで，比例式の考えを取り上げることによって，本時の目標の達成につなげるのです。

学習活動（●教師，○生徒）と評価（※）

1．問題提示

> 教科書はＢ５判という規格の紙を使っています。長い辺の長さは短い辺の長さの何倍になっているのだろうか。

- ●予想しよう。
  - ①２倍　②1.5倍　③1.5倍より大きい
  - ④1.5倍より小さい　など
- ●どのように調べればよいのかな？
  - ○実測します。

2．課題の明確化

> 正確には，長い辺の長さは短い辺の長さを１とみると何倍になっているのかな？

3．個人思考・集団思考

- ●紙を折って考えられないかな？　グループで協力して考えよう。
  - ①紙を折って，短い辺と長い辺の長さの関係に着目して求める。

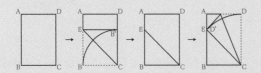

  - ②△ＣＢＥを４枚合わせると面積が２の正方形ができるから，その１辺は２の正の平方根だから約√2倍※
- ●グループごとに考えを発表しよう。
- ※数の平方根を活用して，問題の解決の仕方を説明しているかどうかを，発言やノートでみとる。

4．練習問題

> Ｂ５判の紙の長い辺を２等分するように半分に切ると，Ｂ６判の紙になります。Ｂ６判の紙とＢ５判の紙で，短い辺と長い辺の長さの比が等しいことを説明しなさい。

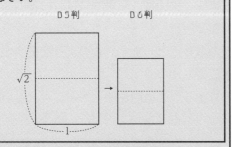

- ●他にも，身の回りにある平方根を探そう。

学習活動（●教師，○生徒）と評価（※）

1．問題提示（前頁の問題）　Point1

- ●予想しよう。
  - ①２倍　②1.5倍　③1.5倍より大きい
  - ④1.5倍より小さい　など
- ●どのように調べればよいのかな？
  - ○実測します。

2．課題の明確化

> 正確には，長い辺の長さは短い辺の長さを１とみると何倍になっているのかな？

3．個人思考・集団思考

- ●教科書ではどのように考えているのか　Point2
  図だけ見よう。
  - ①紙を折って，短い辺と長い辺の長さの関係に着目して求める。

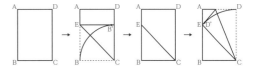

  △ＣＢＥを４枚合わせると面積が２の正方形ができるから，その１辺は２の正の平方根だから約√2倍※
- ●より正確に求める方法はないかな？　Point3
  - ②Ｂ５判とＢ４判の長方形の面積の関係に着目して求める。

$$1 : x = x : 2$$
$$x^2 = 2$$

  ２の正の平方根は√2で√2倍※
- ※数の平方根を活用して，問題の解決の仕方を説明しているかどうかを，発言やノートでみる。

4．練習問題

> Ｂ５判の紙の長い辺を２等分するように半分に切ると，Ｂ６判の紙になります。Ｂ６判の紙とＢ５判の紙で，短い辺と長い辺の長さの比が等しいことを説明しなさい。

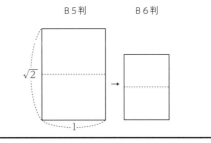

- ●他にも，身の回りにある平方根を探そう。

● 授業の実際

(1)本時の目標

数の平方根を利用して，問題の解決の仕方を説明することができる。　（思考・判断・表現）

(2)授業展開

> **ここがPOINT！**
>
> 　教科書の図をヒントとして提示し，「教科書に載っているこの図を使って考えられないか？」と考えることを促す。

①問題提示・課題の明確化

Before の問題では，紙を折って考える方法で解決につなげることしかできず，比例式の考えを引き出すことができません。そこで After のように，はじめにB５判とB４判の関係を見せてから問題を提示することで，いろいろな考え方で解決することを促すことができると考えました。紙を折って考えたり，小学校６年の「形が同じだったら，拡大図・縮図の関係から比が等しくなる」という既習内容を生かして比例式を使って考えたりします。生徒はいろいろな考え方との出会いに「なるほど」という表情を示します。

②個人思考・集団思考

「正確には，長い辺の長さは短い辺の長さを１とみると何倍になっているのかな？」と課題を明確にして個人思考に入りますが，この課題について解決の糸口を見つけることは，生徒にとって容易ではありません。Before のように，いたずらにグループ活動を設定したり，教師がヒントを出し続けたりしても時間だけが過ぎてしまいます。何よりこのような指導では，考える楽しさにはほど遠いのではないでしょうか。

そこで，After のように，個人思考で３分程度経過しても生徒が停滞しているようならば，「教科書ではどのように考えているのか見てみよう。

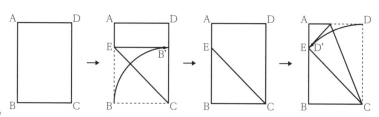

この図を使って考えられないかな？」と投げかけます。生徒は，結果的には教科書の図をもとにして解決方法について理解していきますが，課題が明確になっていることから，受身ではなく，目的と必要感をもって教科書の図の考えを読み取ろうとします。このような働きかけで，生徒に考える楽しさを味わわせることもできます。

　　T　　教科書ではどのように考えているか見てみよう。この図を使って考えられない？

　しばらく沈黙，数人「ハッ」とした顔をする。

T　この図からどんなことが考えられそうか，続きがみえる人はいる？

数人手を挙げる。

S1　この図から，ＥＣとＤＣが等しいということがわかります。だから，ＥＣの長さがわかればいいです。それで，△ＥＢ'Ｃが4つあると考えると…。

T　Ｓ1さんが次に何をいおうと考えているか，頭の中がみえる人はいる？

S2　△ＥＢ'Ｃが4つで面積が2の正方形ができますよね。その正方形の1辺ってことだから，ＥＣは$\sqrt{2}$になるってことですよ。

S3　じゃあ，約$\sqrt{2}$倍ってことか!?　おもしろいなぁ。

　折って考える方法はおもしろい考え方ですが，紙の長さを比べること自体に誤差があるため，正確さは欠きます。そこで，「より正確に求める方法はないかな？」と問いかけ，考えることを促します。

T　紙を折って考える方法はおもしろいのですが，折って長さを比べること自体について正確といいきっていいのかな？

S　誤差があるから正確とはいえないと思います。

T　では，より正確に求める方法はないかな？

個人思考をさせ，Ｓ4は式だけ板書する。

T　式だけ黒板に書いてもらいました。Ｓ4さんの考えていることみえるかな？

S4　先生がはじめに，Ｂ5とＢ4の関係についていっていたじゃないですか。これを使うと，Ｂ5の短い辺が1で，長い辺をxとおくと，$1:x=x:2$って式になりますよね。だから，$x^2=2$となるので，$\sqrt{2}$になるということです。

T　え!?　どうして，$1:x$と$x:2$がイコールでつながるんですか？

S4　だって，先生が最初に「Ｂ5とＢ4の紙は形が同じで面積2倍の関係がある」って言っていたじゃないですか！　だから，Ｂ5とＢ4の短い辺と長い辺の比が等しくなるからイコールでつながるんです。（「なるほど」とどよめきが起こる）

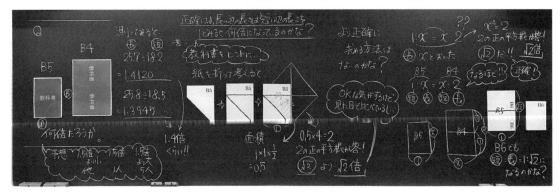

（赤本）

2次方程式

花だんの通路の幅は何m？

「2次方程式」（全16時間）のうち，本時は第11時にあたります。本時は「2次方程式の利用」の第1時です。そこで，2次方程式を利用して解決するときの考え方や手順を確認する場面を設定しています。

問題

　右の図のような，縦が9m，横が7mの土地の，縦，横に同じ幅の道をつくり，残りの部分を花だんにした。

　花だんの面積が48㎡になるとき，道の幅は何mになるだろうか。

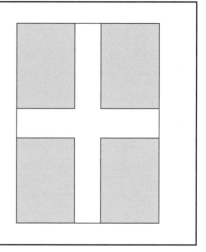

● 授業づくりのポイント

Point1　問題の図を工夫して提示する

　問題把握では色画用紙などで通路を移動できる図を用意し，先に長方形をかき，その上から通路を貼ります。このように提示することで，通路に注目する生徒が増え，通路の面積に関する方程式や通路を動かす発想を促すことができ，多様な考えを引き出すことができると考えました。

Point2　生徒の考えをつなぐように問い返す

　いくつかの考えを提示した後に，それぞれの考えについて，その考えを出した生徒以外の生徒に問い返し，学級全体で考え続けることを促します。

Point3　方程式の項が何を表しているのかを考えさせる

　方程式の項が，それぞれ何を表しているのかについて問うことで，「何の数量に関する方程式なのか？」や「どのように考えて方程式を立てたのか？」を説明する姿を引き出します。「方程式の利用」を指導する際に，立式する活動だけでなく，方程式を読み取る活動を取り入れることで，多面的に考えることを経験させます。

学習活動（●教師，○生徒）と評価（※）

1．問題提示（前頁の問題）
●図を黒板にかいて問題を提示する。
●短時間，試行錯誤させる。図に x を書き込んでいる生徒を取り上げる。

2．課題の明確化

> どのような方程式をつくれば道の幅が求められるかな？

3．個人思考・集団思考※
○道を端に寄せて，花だんを一つの長方形にして求める。

●上記の求め方をした生徒に，どのようにして求めたかを発表させる。
　○花だんの道を端に寄せて，4つに分かれていた花だんを1つにすると，
　　花だんの縦が（9 − x）cm，
　　横が（7 − x）cm，
　　面積が48㎡だから，
　　（9 − x）（7 − x）＝48
　　という方程式を立てることができます。
●今の説明で，わからないところはありませんか？
　○方程式を解き，x ＝ 1，x ＝15を求める。
●x ＝15が解として適していない理由について考えさせる。

4．練習問題※

> 縦が8m，横の長さが10mの長方形の土地がある。この土地に幅の等しい道を右の図のようにつくり，残りの部分を花だんにする。花だんの面積が36㎡になるためには，道の幅を何mにすればよいか求めよう。

学習活動（●教師，○生徒）と評価（※）

1．問題提示（前頁の問題）
●教具を用いて図を示し，問題を提示する。〈Point1〉
●短時間，試行錯誤させる。図に x を書き込んでいる生徒を取り上げる。

2．課題の明確化

> どのような方程式をつくれば道の幅が求められるかな？

3．個人思考・集団思考※
　①$9x + 7x − x^2$ ＝15
　②（9 − x）（7 − x）＝48
●①の方程式はどのように考えて立式したのかな？
　　　　　　　　　　　　　　　　　〈Point2〉
　○道の面積に着目して方程式を立てています。
●$9x$，$7x$，x^2，15がそれぞれ何を表しているか確認する。
　　　　　　　　　　　　　　　　　〈Point3〉
●②の方程式はどのように考えたかわかるかな？
　○右図のように道を端に寄せて，花だんの面積に着目して方程式を立てています。〈Point2〉

●（9 − x），（7 − x），48がそれぞれ何を表しているか確認する。〈Point3〉
　○方程式を解き，x ＝ 1，x ＝15を求める。
●x ＝15が解として適していない理由について考えさせる。
●どの方法が道の幅を求めやすかったか振り返らせる。※

4．練習問題※

> 縦が8m，横の長さが10mの長方形の土地がある。この土地に幅の等しい道を右の図のようにつくり，残りの部分を花だんにする。花だんの面積が36㎡になるためには，道の幅を何mにすればよいか求めよう。

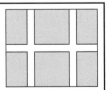

● 授業の実際

(1)本時の目標

2次方程式を利用して，花だんの通路の幅を求めることができる。（知識・技能）

(2)授業展開

> **ここがPOINT！**
>
> 通路の幅を求める方法として，通路を端に寄せる考え方だけでなく他の考え方も取り上げることで，自分の考えを相対化する。

①問題把握・課題の明確化

通路を端に寄せる発想は，何の働きかけもせず黙って待っているだけで，生徒から出てくることは少ないように思います。Before のように図を黒板にかくと，生徒は花だんに斜線をかき入れることが多くなります。そうすると通路ではなく，花だんに着目する生徒が増えるため，通路を端に寄せる発想はなおさら出にくくなります。さらに，通路をずらした図を生徒から引き出そうとすると，そこそこの時間を要することも想定され，場合によっては生徒から通路をずらす考えが引き出せず，教師が提示することにもなりかねません。このような指導では，考える楽しさを味わわせるには不十分なのではないでしょうか。

そこで，Afterのように，通路を動かせるような図を使って，問題を提示します。このような工夫により，通路を端に寄せてから花だんの面積に着目して方程式を立てる考えも出やすくなるようにしました。

②個人思考・集団思考

個人思考の時間に，教師が意図する生徒数名に方程式だけを板書させ，それらをヒントに短時間考えさせて，方程式の各項がそれぞれ何を表しているのかを確認していきます。その際，方程式を板書した生徒以外の生徒を指名しながら，その生徒なりの様々な表現をつないで確認することで，本時の目標達成に迫ります。

T　　ノートに書いた方程式を黒板にかいてください。

S1　　$9x + 7x - x^2 = 15$

T　　S1さんはどのように立式したのかな？

挙手させ，手の挙がらない生徒を指名する。

S2　　15はわかるけど，他の部分がよくわかりません。

T　　同じような思いをもっている人はどれくらいいますか？

T　　なるほど。

T　　では，S3さん，説明してください。

S3　$9x$ が縦の通路の面積で…。

T　（説明を途中でとめて）この続きを自分の言葉でいえるかな？　近くの人と話してごらん。

ペアトーク。この間に他者説明の指名計画を練る。

S4　$7x$ は横の通路の面積，そして，$-x^2$ は重なった通路の部分の面積をひいています。

S　なるほど〜！

T　ノートに書いた方程式を黒板にかいてください。

S5　$(9-x)(7-x)=48$

T　S5さんがどのように考えたか，わかりますか？

数人手が挙がる。

T　まだ悩んでいる友達が多いんだけど，ヒントいえるかな？

S6　寄せる。

S7　あっ，わかった！

T　S7さん，前に来て説明してください。

S7　通路を寄せると一つの花だんになります。

S7が，右のように問題で提示した図を動かして説明する。

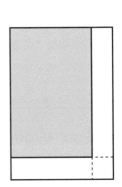

T　図から $(9-x)$，$(7-x)$，48は，それぞれ何を表しているかな？

S8　$(9-x)$ は花だんの縦の長さ，$(7-x)$ は花だんの横の長さ，48は花だんの面積を表しています。

　方程式を解き，$x=1$，$x=15$を求めた後に「では，道の幅は1mと15mでいいですね？」と問い返し，問題に適しているか，解を吟味する活動を取り入れます。その後，方程式の解がそのまま答えになるとは限らない場合があることを，教科書で確認します。

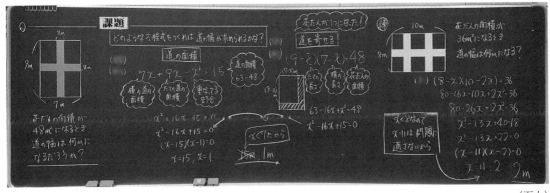

（下山）

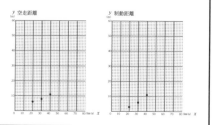

3年

関数 $y = ax^2$

危険を感じて停止するまで何mかかる？

「関数 $y = ax^2$」（全14時間）のうち，本時は第12時にあたります。実際のデータを用いたグラフから $y = ax^2$ の関数とみなすことで，問題解決に向かう授業を構想しました。

問題

　自動車のドライバーが危険を感じてからブレーキを踏み始めるまでの距離を空走距離といいます。ブレーキを踏み始めてから停止するまでの距離を制動距離といいます。空走距離と制動距離をたした距離を停止距離といいます。次の表とグラフは自動車の速さと空走距離，制動距離の関係を表したものです。時速100kmで走る車の停止距離はおよそ何mだろうか。

速度(km／h)	空走距離(m)	制動距離(m)
20	6	3
30	8	6
40	11	11

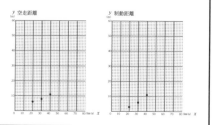

● 授業づくりのポイント

Point1　プロットされたグラフから既習の関数とみなす

　身の回りにある事象について，関数を利用して問題解決することが，関数指導のねらいの一つです。世の中にあるデータは実測値であり，処理しやすいぴったりとした数値とは限りません。そのような状況でもデータから未来を予測していくには，ある程度の誤差を認め，自分が理解している関数にあてはめて考える力が大切です。したがって本時は，生徒自身が与えられたデータを既習の関数とみなし，それらを活用して予測を立てていく活動を設定しました。データの数値をすべて提示してしまうと，どのようなグラフになるか簡単に予測できてしまいますので，あえてデータ数を少なくしてプロットしたグラフを提示しました。そして，関数とみなすにはある程度のデータ量が必要であることに気づかせ，「点が直線状に並んでいるとみなしていいか？」を考えることをきっかけに，問題解決に向かわせるようにしています。

Point2　生徒が表・式・グラフの中から適切なものを選択して説明する

　空走距離を比例 $y = ax$，制動距離を $y = ax^2$ とみなした後，問題を解決するためには表・式・グラフのいずれかを選択することになります。その際に，生徒が必要に応じてどれを使うか選択していくことが大切です。$y = ax^2$ の立式は a の値が0未満で生徒によっては扱いにくいと感じる値であることから，グラフを延長したり，表の倍の関係を利用する考えから扱います。グラフを提示する際には，延長することを見越して目盛りを大きめに取っておくようなことはせずに，生徒たち自身で必要に応じて大きくできるように工夫します。

学習活動（●教師，○生徒）と評価（※）

1．問題提示
（前頁の問題でグラフなし，表は右のもの）

速度(km／h)	空走距離(m)	制動距離(m)	1）
20	6	3	
30	8	6	
40	11	11	
50	14	18	
60	17	27	
70	19	39	
80	22	54	

2．課題の明確化

　速度と空走距離・制動距離にはどんな関係があるのかな？

3．個人思考・集団思考
●グラフに点をとってみましょう。
●点はどのように並んでいますか？
　○空走距離は多少のずれはありますが，点が直線的に並んでいるようにみえます。
●そうですか。空走距離は自動車の速さに比例するといわれています。
　○比例するなら，式で表せそうです。
●（50，14）を通ることを利用して，比例の式を立ててみよう。
　○（空走距離）　グラフで（50，14）を通る。
　　$a ＝14÷50＝0.28$　式　$y ＝0.28x$
　　$x ＝100$を代入する　$y ＝28$　約28m
●制動距離も空走距離と同じように，グラフから考えてみましょう。
　○点が直線的に並んでいないようなので，比例ではなさそうです。
●それではどんな関数になりますか？
　○グラフが直線ではないし，反比例とも違うので，$y ＝ ax^2$かもしれません。
●そうですか。制動距離は自動車の速さの2乗に比例するといわれています。
　○（制動距離）　グラフで（60，27）を通る。
　　$27 ＝ a ×60^2$　式　$y ＝0.0075x^2$
　　$x ＝100$を代入する　$y ＝75$　約75m
●それでは，停止距離を求めましょう。
　○（停止距離）＝（空走距離）＋（制動距離）
　　なので28＋75＝103　約103m
●比例や関数 $y ＝ ax^2$ とみなすことで停止距離を求めることができましたね。

4．練習問題※

　この問題で，自動車の速度が120km／hのとき，停止距離を求めよう。

学習活動（●教師，○生徒）と評価（※）

1．問題提示（前頁の問題）
　○グラフを見ると，どちらも直線的に並んでいるようにみえます。
　○そうかな。これだけじゃ点が少なすぎて直線的とは判断できないと思う。
●点を増やせば判断できるかな。
　（空走距離の点を1つずつ増やしていく）
　○多少のずれはあるけど，だいたい直線的に並んでいる。
●空走距離と速さにどんな関係があるかな？
　○グラフが直線になるので1次関数。
　○原点通りそうだから比例じゃないかな。
　○空走距離は比例になりそうだ。

2．課題の明確化

　速度と制動距離にはどんな関数関係があると考えられるのかな？

3．個人思考・集団思考
　○制動距離は点が3つのときは直線的にみえる。
　　1次関数かな。　　　　　　　　　　▷Point1
　○3つの点では判断できないから，データを増やした方がいい。
●（40km／hの点をプロットする）
　○点を増やしたら直線にならなさそうだ。
●直線じゃないとしたらどんな関係だろう？
　○曲線になる。$y ＝ ax^2$かな？
　○まだわからない。点を増やしたい。
●（50〜80km／hの点をプロットする）
　○放物線にみえます。　　　　　　　　▷Point2
●空走距離が比例，制動距離が $y ＝ ax^2$ とみて100km／hの停止距離を求めよう。※
　①表（省略）　　　　　②グラフ（省略）
　③式　速度を x，空走距離・制動距離を y
　　（空走距離）　グラフで（50，14）を通る。
　　$a ＝14÷50＝0.28$　式　$y ＝0.28x$
　　$x ＝100$を代入する　$y ＝28$　答　28m
　　（制動距離）　グラフで（60，27）を通る。
　　$27 ＝ a ×60^2$　式　$y ＝0.0075x^2$
　　$x ＝100$を代入する　$y ＝75$　答　75m
　　28＋75＝103　　　　　　　　答　103m
●答えが若干違いますが，どうでしょう？
　○もともと，すべておよその値で考えているので，およそ105mでいいと思います。

● 授業の実際

(1)本時の目標

関数 $y = ax^2$ とみなして，問題を解決することができる。(思考・判断・表現)

(2)授業展開

> **ここがPOINT！**
> データの数を徐々に増やして，制動距離のグラフが曲線になることを実感させるとともに，表・式・グラフから説明しやすいものを生徒自身が選択する場面を設定する。

①個人思考・集団思考（前半）

Before では，最初から表のデータをすべて提示し，自分たちでプロットして点が直線状，放物線状に並んでいることを捉え，それぞれ関数とみなして式で解決する流れです。

After では，あえてデータが不足したグラフを提示して，生徒たちがもっと多くのデータが必要だと感じさせるように仕向けました。このようにすることで，「ある程度のデータ量が必要」「グラフの形状から既習の関数とみなすといい」ということをより強く実感させられます。

T　点はどのように並んでいますか？

S　直線上に並んでいるようにみえますが，3つの点だけでは判断できません。

T　どうしたら判断できますか？

S　もう少し点を増やせば判断できるかもしれません。

T　わかりました。点を増やします。

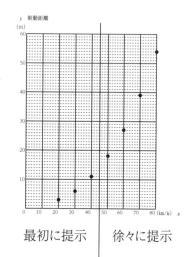

グラフに40km／ h のデータをプロットする。併せて，表データも提示する。

S　直線ではなさそうです。放物線かな。

S　もう少し点がほしいです。

T　そうですか。

50～80km／ h のデータを10km／ h ずつプロットする。

T　これでどうでしょうか？

S　放物線になってそうです。

S　これは，$y = ax^2$ と考えてもいいと思います。

T　そうですか。それでは，$y = ax^2$ と考えて問題を解いてみましょう。

②集団思考（後半）

空走距離を比例，制動距離を $y = ax^2$ とみなした後に，生徒自身が使いやすい数学的な表現を用いて考え，説明できるようにしたいと考えました。そこで，生徒自身がわかりやすく，取

り組みやすいものを表・式・グラフから選択できるようにします。短い個人思考の後に全体で
交流し，生徒一人ひとりが表・式・グラフのどれかを使って解決するようにしました。

T　空走距離が比例，制動距離が $y = ax^2$ とみて，100km／h
のときの停止距離を求められそうですね。

数分の個人思考をさせる。

T　さて，何を使って解いていけばいいでしょうか？

S　表を使えばいいです。

T　表を使ってどのように求められますか？

S　空走距離は速さに比例することがわかったので，速さが
2倍，3倍になるとき，空走距離も2倍，3倍になるか
ら，そのことを使って解きます。

T　なるほど。制動距離はどうですか？

S　2乗に比例するので速さが2倍，3倍になるとき，制動
距離は4倍，9倍になる。

T　そうか。できそうですね。表を使う以外の方法は？

S　グラフかな？

S　グラフの続きをかけば，だいたいの予測はつく。

S　けど，だいたいの値しか出ないってことでいいのかな。

T　だいたいの予測で大丈夫です。あと，式を立てることは
できますか？

S　比例も2乗に比例する関数も，表やグラフがあれば式は立てられます。

S　けど，計算は大変かもしれない。

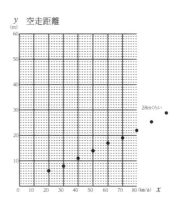

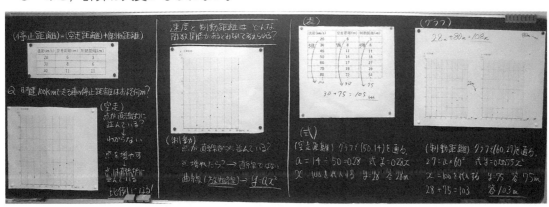

（後藤）

―引用・参考文献―
1）運転免許 学科試験模擬問題集，「自動車の速度と停止距離」https://menkyo-web.com/kiso/p10.html.

本当に長さは2倍になっている？

「相似な図形」（全22時間）のうち，本時は第10時にあたります。単元の指導計画では，今後ここで学ぶ定理を使っていろいろな長さを求めていくことになります。定理として覚えるだけではなく，根拠を明確にすることを重視しています。

問題

右の図で，BC∥DEです。

x の長さは何cmですか。

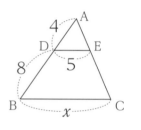

● 授業づくりのポイント

Point1 　生徒の考えを想定して意図的に指名し，自然な思考の流れで課題を明確化する

生徒がどのような予想をするのかをあらかじめ教師が想定しておき，本時の課題につなげるために，生徒の考えの取り上げ方を意図的に工夫します。本時は，「定理を相似な図形を根拠として説明すること」が重要なため，記号を用いて説明させるよう発問を工夫して課題を明確化しています。

Point2 　本時の目標を達成させるため，根拠となる相似な図形の説明方法を工夫する

三角形と比の定理は2つあります。1時間で相似な図形の証明を2つ行うには時間がたりないと考えています。本時の目標を達成させるために，相似な図形の証明については概要の証明にとどめ，定理の根拠と相似の根拠とが明確になるように板書します。

証明は，いつでも必ず全文を書くとは限りません。本時の目標に応じて取り扱い方を工夫する必要があります。

Point3 　授業のまとめを問題の解決過程に位置づけ，教科書を活用する

三角形と比のすべての定理の証明が終わった後に定理をまとめるのでは，結果を覚えることが重要であると生徒に思わせかねません。そのため，問題の解決過程で生徒がわかったことをその場でまとめていきます。その際，知識となるところは，改めて文章などで板書するのではなく，教科書を用いて確認します。生徒が考え続けたことが，教科書のどの部分になるのかを明確にすることで，確かな理解につながります。

Before	**After**

学習活動（●教師，○生徒）と評価（※）

1．問題提示（前頁の問題）

●教師が問題を板書し，生徒はノートにかく。
　図は正確にかくのではなく，ＢＣがＤＥの２倍に
　みえるようにかけばよい。

●予想してみよう。
　○10㎝　　○15㎝　　○わからない

●どうしたら求められるだろうか？
　○実測する。○比を求める。○相似を使う。

●どこの比とどこの比が同じかな？
　○4：8と5：xが同じ。

2．課題の明確化

> 4：8 = 5：x なのだろうか？

3．個人思考・集団思考

●まずは考えてみよう。
　○相似な図形で考えればいいんだ！
　○10㎝にならないのはどうしてだろう？

●どの三角形が相似なの？
　○△ＡＢＣと△ＡＤＥが相似。

●根拠は？
　相似であることを証明してみよう。
　○ＤＥ//ＢＣから，平行線の同位角が等しいので，
　　∠ＡＢＣ＝∠ＡＤＥ
　　∠ＡＣＢ＝∠ＡＥＤ
　　２組の角がそれぞれ等しいので，相似。
　　4：12 = 5：xで求められる。

●相似であれば比が使えるんだね。
　じゃあ，ＡＥ＝2.5，ＥＣ＝yとしたとき，yの
　値は？
　○相似を使えばできそうだ。
　①4：12 = 2.5：(2.5＋y)
　　10＋4y＝30　　y＝5
　②4：12 = 2.5：z
　　z＝7.5　　y＝7.5−2.5＝5
　③4：8 = 2.5：y　4y＝20　　y＝5

●③の根拠となる相似な三角形は？
　○図に補助線を引いて考える。
　　ＡＢに平行でＥを通る補助
　　線を引いて相似を使う。
　　△ＡＢＣ∽△ＥＦＣから
　　y＝5

●今日わかったことを定理とし
　てまとめよう。※
　○教科書の定理を確認し，証明しなくてもこれか
　　ら使ってもよいことを知る。

4．練習問題
　○教科書の練習問題を解く。
　　時間がなければ宿題とする。

学習活動（●教師，○生徒）と評価（※）

1．問題提示（前頁の問題）

●教師が問題を板書し，生徒はノートにかく。
　図は正確にかくのではなく，ＢＣがＤＥの２倍に
　みえるようにかけばよい。

●予想してみよう。
　○10㎝　　○15㎝　　○わからない

●なぜ10㎝だと思いましたか？　`Point1`
　→意図的に10㎝と予想した生徒を指名する。
　○ＢＣがＤＥの２倍になっているから。

●どこから２倍が出てきたかわかる？
　→指名した別の生徒に説明させる。
　○ＡＤとＤＢが２倍になっているから。

2．課題の明確化

> 4：8 = 5：x なのだろうか？

3．個人思考・集団思考

●まずは考えてみよう。
　○相似な図形で考えればいいんだ！
　○10㎝にならないのはどうしてだろう？
　○△ＡＢＣと△ＡＤＥが相似。

●相似の根拠を図で説明しよう。　`Point2`
　→数人の生徒を指名し，前で説明させる。
　○等しい角を説明する。
　→特に平行線に着目して教師が強調する。

●どんな比を使って求められるかな。
　○4：12 = 5：xで求められる。
　○ＡＤ：ＡＢ＝ＤＥ：ＢＣだから。

●課題をかき換えて定理として確認する。　`Point3`
　○教科書で定理を確認する。

●ＡＥ＝2.5，ＥＣ＝yとしたとき，yの値は？
　○相似を使えばできそうだ。
　①4：12 = 2.5：(2.5＋y)
　　10＋4y＝30　　y＝5
　②4：12 = 2.5：z
　　z＝7.5　　y＝7.5−2.5＝5
　③4：8 = 2.5：y　4y＝20　　y＝5

●③の相似の根拠を図で説明しよう。
　→数人の生徒を指名し，前で
　　説明させる。
　→補助線が引けない場合は教
　　科書をヒントにし，
　　△ＡＢＣ∽△ＥＦＣを説明
　　させる。
　○教科書で定理を確認する。

4．練習問題※
　○教科書の練習問題を解く。
　→どちらの定理を用いたかを説明させる。

● 授業の実際

(1)本時の目標

　相似な図形に着目しながら，三角形と比についての性質を理解するとともに，比の性質を使って線分の長さを求めることができる。（知識・技能）

(2)授業展開

> **ここがPOINT！**
> 　相似な図形に着目しながら考えることで，予想とは異なる答えになることに気づき，定理の根拠を明確にする。

①問題提示と課題の明確化

　予想が正答とは違うものにするために，問題の図を正確にかくのではなく，意図的に点Dと点EがそれぞれABとACの中点の近くにとります。このようにすることで，BCがDEの2倍にみえます。また，BC//DEは定理につながる大切な条件であるため，強調して板書します。

　辺BCの長さを予想させると，ほとんどの生徒が10cmと答えます。そこで，意図的に生徒を指名し，「2倍」と「比」に着目させ，自然な流れで課題を明確にします。

　　T　なぜ10cmだと思いましたか？
　　S　DEの2倍の長さになっていると思ったから。
　　T　どこの条件から2倍と思いましたか？（先ほどとは別の生徒）
　　S　DBがADの2倍になっているから。
　　T　比例式を使っていえますか？　数値と x を使ってみてください。
　　S　4：8＝5：x

②個人思考・集団思考

　少し時間を与えて考えさせると実際の図をかく生徒もおり，BCの長さが10cmにはならないことに気づきます。課題に「ならない」と板書し，その根拠を考えさせるための問い返しを行います。このとき，教師は生徒に理解させたい三角形と比の定理を意識して，まとめにつなげる問い返しをすることが重要です。

　　T　なぜ10cmにはならないのですか？（なぜ15cmになったのですか？）
　　S　実際にかくと10cmよりも長くなりました。
　　S　比が4：8にはならないからです。
　　T　DE：BCはどんな比になるのですか？
　　S　4：8ではなく4：12（1：3）になります。

T　根拠は？

S　△ADEと△ABCが相似になるからです。

　全文証明を書くことは，時間がかかりすぎてしまい，本時の目標の達成が危ぶまれます。そのため，必要に応じて図で証明するようにします。図形を抜き出してかくことは，これまでの学習で行っているため，△ADEと△ABCを抜き出させ，等しい角に印をつけながら，根拠を説明させていきます。

　教科書で定理としてまとめた後に，「AE＝2.5，EC＝yとしたとき，yの値は？」という問題を提示します。これまで学習してきたことを活用し，同じようにできないかと発問します。△ADEと△ABCの相似を使って説明する生徒が多いため，すぐにその考えを取り上げ，yの値を求めさせます。

T　さっき使った相似を使えばできるみたいですね。他の考えはありますか？

S　単純に見た目通り2倍になっていると思います。

T　式に表してみてください。

S　4：8＝2.5：y

T　根拠は？

S　わかりません。

T　相似な図形があるかな？　なければどうしたらいい？

　ECの長さがAEの長さの2倍になっていることに着目させ，もっと簡単に求められる方法を考えさせます。このとき，補助線を引いて相似な図形を見つけさせる必要がありますが，多くの時間をとるのではなく，教科書をヒントとして用いることも考えられます。補助線を引けることが本時の目標ではないため，相似な図形を根拠に説明することを重視します。

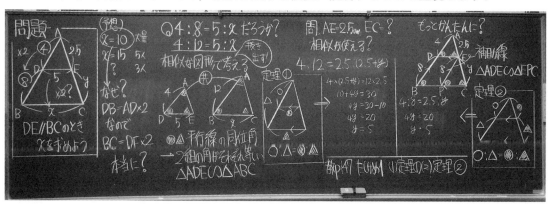

（若松）

円

見いだした性質はいつでも成り立つのかな？

「円」（全9時間）のうち，本時は第8時にあたります。前時は，「円周角の定理を利用した作図」について学習し，次時は，単元末のまとめとして「章の問題」に取り組みます。

問題

　右のように，円の内部に点Pをとり，Pを通る2つの直線をかこう。

　この図で，円と直線の交点どうしを結ぶとき，相似な三角形はどれだろうか。

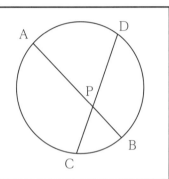

● **授業づくりのポイント**

Point1 　**三角形の組み合わせを焦点化する**

　三角形の相似を証明した後，「点Pを右に動かしても証明したことがいえるのか」と発展的に考える文脈をつくれるように，問題提示後に考える三角形を△APDと△CPBの組み合わせに焦点化しました。発展的に考える文脈をつくりたいときには，生徒がより自然に条件を変更して考え続けられるように，教師が働きかけることもできると考えたからです。

Point2 　**必要感をもたせて，一般化につなげる課題を設定する**

　「円の内部に点Pをとり，Pを通る2つの直線をかく」→「円と直線の交点を結ぶ」と板書して，生徒に図をかかせると，それぞれ違った題意の条件を満たした図がノートに残ります。試行錯誤の後，「みんながかいた図は違うのに，いつでも相似といえるのかな？」と問うことで，一般化する必要感を引き出して，課題を明確にすることができます。教師がいきなり「相似であることを証明しよう」と投げかけるよりも，証明することの必要感を生徒が得られる教師の働きかけと考えることができるのではないでしょうか。

Point3 　**問題の図について，条件を変更しても成り立つのかを問う**

　問題の図の点Pが動いても，「△APDと△CPBの相似は成り立つか？」と問いかけます。特に，円の外部に点Pがある場合について焦点をあてて考えることを促します。点Pが動いている様子を段階的に板書で示し，生徒が自然に条件変更して考えられるように仕向けていきます。

Before	**After**
学習活動（●教師，○生徒）と評価（※）	学習活動（●教師，○生徒）と評価（※）

<table>
<tr><td>

1．問題提示（前頁の問題）
●ノートに図をかかせて，「相似な三角形はどれだろうか」と板書する。
　①△APDと△CPB
　②△APCと△DPB
●それぞれの三角形の相似を証明しよう。

2．課題の明確化

> 本当に相似かな？　証明しよう。

3．個人思考・集団思考
　①△APD∽△CPBの証明の方針の説明
　②△APD∽△CPBの証明（省略）
　③△APC∽△DPBの証明の方針の説明
　④△APC∽△DPBの証明（省略）※
●では，練習問題に取り組もう。

4．練習問題※

> △APD∽△CPBを証明しよう。
>
>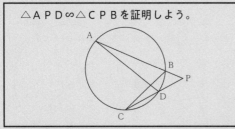

●円周角の定理を利用して，円と交わる直線でできる図形の性質について説明しているかどうかをみる。※
●生徒の実態によって，△APD∽△CPBの証明の方針の説明を引き出す。
　○△APD∽△CPBの証明（省略）
●点Pが円の内部，外部どちらにあっても，
　△APD∽△CPBより，
　AP：CP＝DP：BP
　→AP×BP＝CP×DPが成り立ちます。
　これを方べきの定理といいます。

</td><td>

1．問題提示（前頁の問題） `Point1`
●ノートに図をかかせた後，「相似な三角形はどれだろうか」と板書する。
　①△APDと△CPB　②△APCと△DPB
●本当かな？　まずは△APD
と△CPBについて考えよう。
ノートの図はみんなばらばら
なのに，いつでも相似といえ
るのかな？
　○証明すればよいと思います。

2．課題の明確化 `Point2`

> △APDと△CPBは相似なのかな？

3．個人思考・集団思考
　①△APD∽△CPBの証明の方針の説明
　②△APD∽△CPBの証明（省略）※
●△APCと△DPBは相似といえるのかな？
　○△APD∽△CPBの証明と同じようにして証明できます。
　　　　　　　　　　　　　　　　　　`Point3`
●（点Pが動いた図を黒板に示して）では，点Pを円の外部に動かしたときにも，△APDと△CPBは相似といえるのかな？

> △APD∽△CPBを証明しなさい。
>
>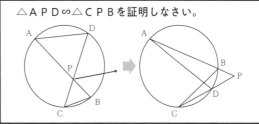

●円周角の定理を利用して，円と交わる直線でできる図形の性質について説明しているかどうかをみる（方針の説明でもよい）。※
　○△APD∽△CPBの証明（省略）
4．探究への誘い
●点Pが円の内部，外部どちらにあっても，
　△APD∽△CPBより，
　AP：CP＝DP：BP
　→AP×BP＝CP×DPが成り立ちます。
　これを方べきの定理といいます。次のように点P
を動かすと，AP×BP＝CP^{2}となります。この証明には，高等学校で学習する接弦定理を利用します。興味のある人は家で調べよう。

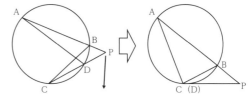

</td></tr>
</table>

● 授業の実際

(1)本時の目標

円周角の定理を利用して，円と交わる直線でできる図形の性質を説明することができる。

（思考・判断・表現）

(2)授業展開

> **ここがPOINT！**
> 問題の図について，条件を変更しても成り立つのかを問い，考え続けることを促す。

①問題提示・課題の明確化

問題を提示すると，「△APDと△CPB」か「△APCと△DPB」が予想として発表されます。そこで，Beforeのように「本当かな？　それぞれの三角形の相似について証明しよう」と教師が課題を提示してしまっては，生徒は自分事として考えられないのではないでしょうか。

Afterでは，「本当かな？　まずは，△APDと△CPBについて考えよう」と学級全体で考える対象を焦点化することで，終末で問題の条件変更をする際にも，自然な文脈をつくることができます。

T　相似な三角形の組はどれかな？

S　△APCと△DPB，△APDと△CPBです。

T　どうしてですか？

S　相似っぽくみえます。

T　皆さんがノートにかいた図はばらばらなのに!?

T　いつでも相似といえそうですか？

S　証明すればいつでもが示せると思います。

T　そうですか，ではそれを課題としましょう。

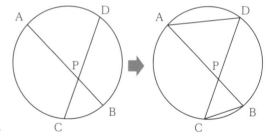

②個人思考・集団思考

問題について解決した後，Beforeのように唐突に練習問題に取り組ませるのではなく，Afterでは，問題の図の条件を変更しても△APD∽△CPBは成り立つのかと問いかけます。

T　点Pを動かしても，△APD∽△CPBは成り立つのかな？

実際に動かしてみせて，黒板にも示す。

S　成り立つと思います。

T　どうしてですか？

S　相似な三角形の組み合わせは変わらないからです。

T　では，円の外に点Pがあるとしたらどうでしょうか？

S　同じようには考えられないけど…。

T　少し時間をとりますので，考えよう。

このように，問題の図について条件を変更しても成り立つのかを問い，自然な流れで発展的に考えることを促したうえで，練習問題に取り組ませます。

③探究（自由研究）への誘い

練習問題の解決の後，「点Pが円の内部，外部どちらにあっても，△APD∽△CPBより，AP：CP＝DP：BP→AP×BP＝CP×DPが成り立ちます。これを方べきの定理といいます」と知らせます。

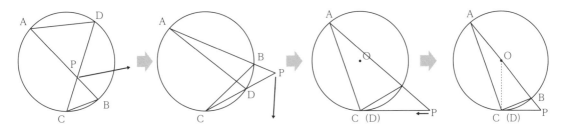

　円外に動かした点Pをさらに動かし，点Cと点Dが一致して円の接線となるときについても，方べきの定理は成り立つのか問いかけます。この場合の証明にも相似を使いますが，高等学校で学習する接弦定理を使うため，紹介します。少し先の学習内容に触れることで，「もっと調べてみたい！」「家でも考えてみよう！」といった意欲を引き出すことをねらいました。さらに，三平方の定理の証明にも利用できることを紹介することも考えられます。

△APC∽△CPBより，PA＝PO＋OC，

PB＝PO－OB　PB＝PO－OC

方べきの定理よりAP×BP＝CP² （PO＋OC）（PO－OC）＝CP²

PO²－OC²＝CP²　PO²＝CP²＋OC²

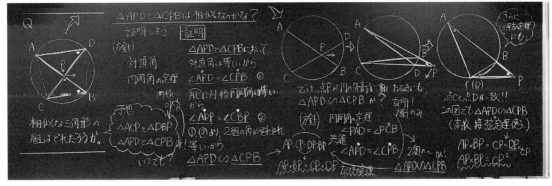

（赤本）

三平方の定理は，なぜ成り立つの？

「三平方の定理」（全13時間）のうち，本時は第2時にあたります。前時は「三平方の定理を見いだす」ことを扱っています。次時は「三平方の定理を使って，直角三角形の辺の長さを求める」ことについて学習をします。

問題

前時に予想した直角三角形の辺の長さの関係（三平方の定理）は，

$a^2 + b^2 = c^2$ でした。

この定理は，なぜ，成り立つのだろうか。

右の図を使って説明しよう。

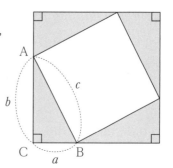

● 授業づくりのポイント

Point1 図を読んで考えることを促す

解説数学編では，「三平方の定理を証明できることを知る程度とし，生徒の興味・関心に応じて柔軟に取り扱うこととする」とされています。「知る程度」とありますが，証明を読んで説明するだけの指導では物たりません。また，三平方の定理の証明は，数多くあることも知られています。しかし，証明することを生徒に何の手がかりもなく考えさせるのは，時間ばかりがかかり，最終的に教師が説明することになるなど，現実的ではないと思います。それに，数学が得意な生徒にとってはいいかもしれませんが，苦手な生徒にとっては黙って待つだけの時間となってしまう可能性もあります。そこで，問題提示の後，「この図を使うとしたら，どのように証明ができるのかな？」と問いかけ，図を読んで考えることを促します。

Point2 式を部分的に提示して，考えることを具体化する

図は提示されたけれど，どのように考えればいいのかわからず生徒が停滞することもあります。そのようなときには，式を示し，「この式と図ってどんなつながりがあるのかな？」と問います。すると，「式のここの部分は図とのつながりがわかったけど，ここの部分がわからない」などと，悩んでいたり納得いかなかったりするところがはっきりします。この声を生かして集団思考では，考える部分を具体化しながら，みんなで考え合う楽しさを実感させていきます。

Before	After
学習活動（●教師，○生徒）と評価（※）	学習活動（●教師，○生徒）と評価（※）

Before

1．問題提示・課題の明確化

> 前時に予想した直角三角形の辺の長さの関係（三平方の定理）は，$a^2 + b^2 = c^2$ でした。
> この定理は，なぜ成り立つのだろうか。

2．個人思考・集団思考
●図を使って考えよう。

① 　②

●この図から，どんな式を立てればよいのかな？

① $c^2 = (a + b)^2 - \dfrac{1}{2}ab \times 4$

② $\dfrac{1}{2}c^2 = (a + b) \times (a + b) \times \dfrac{1}{2} - \dfrac{1}{2}ab \times 2$

3．練習問題※

> 次の図を使って，三平方の定理が成り立つ理由を説明しなさい。

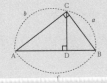

●三平方の定理が成り立つ理由を説明しているかどうかをみる。※
　○△ABC∽△ACD∽△BCD
　　相似比は $c : b : a$
　　面積比は $c^2 : b^2 : a^2$

After

1．問題提示・課題の明確化（前頁の問題）
●直角三角形ＡＣＢと合同な直角三角形を，１辺が c の正方形のまわりにかきました。この図を使って説明しよう。　◁Point1▷

2．個人思考・集団思考

① $c^2 = (a + b)^2 - \dfrac{1}{2}ab \times 4$

② $\dfrac{1}{2}c^2 = (a + b) \times (a + b) \times \dfrac{1}{2} - \dfrac{1}{2}ab \times 2$

●①の式と図ってどんなつながりがあるのかみえるかな？　◁Point2▷
　○（１辺が c の正方形の面積）＝（外側の正方形の面積）－（△ACBの面積）×４です。
●だったら，②の式は図とどんなつながりがあるのかな？

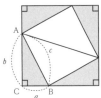

　○このように線を引き，（１辺が c の正方形の半分の面積）＝（台形の面積）－（△ACBの面積）×２です。

3．練習問題※

> 次の(1)，(2)の図を使って，三平方の定理が成り立つ理由を説明しなさい。
>
> (1) 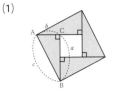　(2)

●三平方の定理が成り立つ理由を説明しているかどうかをみる。※

(1) $c^2 = \dfrac{1}{2}ab \times 4 + (a - b) \times (a - b)$

(2) △ABC∽△ACD∽△BCD
　　相似比は $c : b : a$
　　面積比は $c^2 : b^2 : a^2$

● 授業の実際

(1)本時の目標

三平方の定理が成り立つ理由について説明することができる。(思考・判断・表現)

(2)授業展開

> **ここがPOINT！**
> 　問題提示の後，「この図を使うとしたら，どのように証明ができるのかな？」と問いかけ，式の一部と図を関連づけて考えることを促す。

①問題提示・課題の明確化・個人思考・集団思考

　導入では，前時に予想した直角三角形の辺の長さの関係（三平方の定理）について確認し，「三平方の定理は，なぜ成り立つのだろうか？」と問いかけ，問題を提示します。三平方の定理の証明を手がかりもなく考えるのは，生徒にとっては難しいことです。そこで，少し考える時間をとった後に，「ちょっと困っているみたいだね。それではこの図を使って，三平方の定理が成り立つ理由を説明できないかな？」と問います。

　Before では，問題提示後，次のような流れになることが予想されます。

T　　ちょっと困っているみたいですね。図を使って考えよう。

個人思考15分，様々な図をかいている生徒多数。右の図の考えをする生徒が出てくるのを待つ。

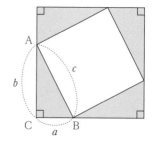

T　　この図はどのように考えてかいたのですか？

S　　$c^2 = (a+b)^2 - \dfrac{1}{2}ab \times 4$ と考えました。$(a+b)^2$ は，

外側の正方形の面積を表していて，$\dfrac{1}{2}ab \times 4$ は，(△ACBの面積)×4を表しています。

この流れを After にすると，問題提示の後，次のような流れになります。

T　　困っているみたいですね。直角三角形ACBと合同な直角三角形を，1辺が c の正方形のまわりにかきました。この図を使って，三平方の定理が成り立つ理由を説明しよう。

個人思考3分。立式して考え始める生徒を指名する。

T　　この式だけ，黒板にかいてください。

S1　$c^2 = (a+b)^2 - \dfrac{1}{2}ab \times 4$

T　　この式と図ってどんなつながりがあるのか，S1さんが頭の中で考えていることがみ

えるかな？

個人思考を30秒とる。

T　　いま，みえているところまで隣の人に話そう。

ペアトークをする。

T　　S2さん，黒板の前で，図を使って説明してください。

S2　この式は，正方形全体の面積から中の面積をひいたという意味です。

T　　$(a + b)^2$は図では，どこのことですか？

S2　ここの正方形全体の面積を表しています。

T　　S3さん，首をかしげていましたね。どこがわからないの？

S3　$\dfrac{1}{2}ab \times 4$の部分がどこを表しているのかわかりません。

S2　この外側の直角三角形４つの面積の合計ってことだよ。

S3　あー，そういうことか！

T　　では，S3さん自分の言葉で説明してください。

Afterのように授業を構想すると，Beforeよりも誘導的な印象をもつのかもしれませんが，いたずらに時間だけを与えて考えさせられるよりも，図をきっかけにより多くの生徒が考えることができ，考える楽しさを実感させることができるのではないでしょうか。

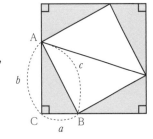

さらに，時間短縮で生み出された時間で，右の図のように台形の面積を使う考え方を取り上げたり，「円と相似」の実践例（p.103）で示した方べきの定理を使った三平方の定理の証明を紹介したりして，三平方の定理が成り立つ理由についての理解を確かなものにすることもできます。

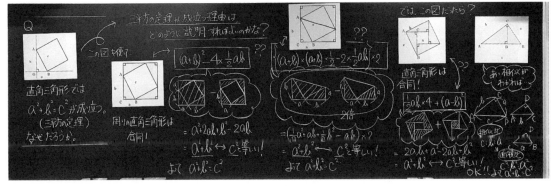

（赤本）

標本調査

国語辞典にある「見出し語」の数を求めてみよう！

　「標本調査」（全5時間）のうち，本時は第3時にあたります。実際に実験を行うことで，標本調査に対する実感的な理解をねらっています。実験は活動時間の関係から，各班に数冊の辞書を配付して行いました。

> **問題**
>
> 　この国語辞典には「見出し語」はだいたい，いくつあるだろうか？

● 授業づくりのポイント

Point1 ▷ 「どのように調べるといいか？」を問う

　「標本調査を利用して，国語辞典にある『見出し語』の総数を調べよう」という問題では，生徒は受け身で標本調査を利用するため，よさを実感しづらいと思います。そこで，「この国語辞典には見出し語はだいたい，いくつあるだろうか？」と生徒に問い，見出し語の総数を予想させます。そして，「どのように調べるといいか？」と問い，みんなで手分けしてすべてを数える（全数調査）や，国語辞典の1部分を調べ，全体の総数を推測する（標本調査）という考えを引き出し，すべてを数えるのは大変なので標本調査を利用しようという生徒の姿を，標本調査のよさに気づかせつつ引き出していきます。

Point2 ▷ 無作為抽出によるページの選び方について，全体で検討し確認する

　ページの選び方について，「パラパラとめくって適当に選べばいい」と無作為抽出についての理解が不十分な生徒がいることが想定されます。そこで，ページの選び方の場面で，「どのようにページを選べばいいかな？」と問い，「パラパラとめくって適当に選べばいい」という意見を一度全体に問い返して，その妥当性について検討する場を設けます。

Point3 ▷ 推測された見出し語の総数のバラつきについて問う

　必要感をもって「標本の大きさが大きい方が，母集団の傾向を推測しやすいこと」を実感的に理解させるため，少ない標本（ページ数）で母集団の傾向を推測した後，推測された見出し語の総数のバラつきについて問います。このことによって「標本を大きくした方がいいのではないか？」と考える生徒の考えを引き出し，標本の大きさを大きくして見出し語の総数をより正確に推測する活動につなげます。

Before	After

Before

学習活動（●教師，○生徒）と評価（※）

1．問題提示
●標本調査を利用して，国語辞典にある見出し語の総数を調べよう。
●予想しよう。
　①8万語くらい　②5万語くらい
●標本の大きさを変えると，結果は変わるだろうか？
　①変わる　②変わらない

2．課題の明確化

標本の大きさを変えて実験してみよう。

3．個人思考・集団思考
●実験をするうえで確認しておくべきことは何かな？
　○無作為にページを抽出すること。
●実験の手順を確認する。
　標本の大きさが10と20と30の場合を実験して調べる。
　① 見出し語が掲載されている総ページ数を調べる。
　② 乱数さいを使って10ページ，20ページ，30ページを標本として無作為に抽出する。
　③ 抽出した各ページに掲載されている見出し語の数を数え，その平均値を求める。
　④ 総ページ数と平均値から国語辞典に掲載されている見出し語のおよその総数を推測する。
　　～　実験を行う　～

4．振り返り
●調査の結果から，標本の大きさの違いによって見出し語の総数の推測にはどのような特徴があるだろうか。
　○標本の大きさが小さいときには予測した見出し語の数も大きくずれている。
　○標本が大きい方が小さい場合に比べて見出し語の総数に近い結果が出る。
●標本調査を利用して，母集団全体の数量を推測する教科書の問題に取り組ませる。※

After

学習活動（●教師，○生徒）と評価（※）

1．問題提示（前頁の問題）
●予想しよう。
　①8万語くらい　②5万語くらい
2．課題の明確化

どのように調べるとよいかな？

　○すべて数える（全数調査）。　⟨Point1⟩
　○1部を調べ，それを利用する（標本調査）。
●標本調査を利用して見出し語の総数を求めよう。
3．個人思考・集団思考
●実験をするうえで確認しておくべきことは何かな？
　○無作為にページを抽出すること。
　○取り出す標本の大きさ。
●ページはどのように選ぶとよいだろうか？　⟨Point2⟩
　○パラパラとページをめくり適当に選ぶ。
　○一定の間隔で選ぶ。　○乱数を使う。
●パラパラとページを選ぶことは本当に無作為に選んだといえるかな。
　○真ん中あたりが選ばれやすそう。
　○最初と最後はあまり選ばれないのではないか。※
●乱数さい（正二十面体）を利用してページを選び見出し語の総数を調べよう。
●実験の手順を確認する。
　① 見出し語が掲載されている総ページ数を調べる。
　② 乱数さいを使って5ページを標本として無作為に抽出する。
　③ 抽出した各ページに掲載されている見出し語の数をかぞえ，その平均値を求める。
　④ 総ページ数と平均値から国語辞典に掲載されている見出し語のおよその総数を推測する。
　　～　実験を行う　～
●見出し語の総数が班ごとに異なってしまったのはどうしてだろうか？
　○調べたページが異なるから。
　○ページごとに見出し語の数が違うから。　⟨Point3⟩
●より正確に母集団の傾向を推測するためにはどうするとよいだろうか？
　○標本の大きさを大きくするとよいのではないか。
●標本の大きさを変えて，実験を行おう。
4．振り返り
●調査の結果から，標本の大きさの違いによって見出し語の総数の推測にはどのような特徴があるだろうか？
　○標本が大きい方が小さい場合に比べて見出し語の総数に近い結果が出る。※

● 授業の実際

(1)本時の目標

標本調査を利用して，母集団の数量を推測することができる。（知識・技能）

(2)授業展開

> **ここがPOINT！**
> 生徒との対話の中で標本調査の手順について共通理解を図り，実験を通して体験的に学習する。

①問題提示・課題の明確化

Before のように問題提示から「標本調査を利用しよう」としてしまうと，生徒は全数調査との比較がないため，標本調査のよさが実感しづらくなります。そこで，国語辞典を見せて「見出し語はいくつあるだろうか？」と生徒に問い，予想させます。生徒は5万語，8万語と予想するので，そこで「どのように調べるといいかな？」と課題を明確にします。この生徒とのやりとりをすることで，全部調べると時間がとてもかかるので標本調査を利用しようとする文脈を，生徒から引き出すことができます。

②個人思考・集団思考

生徒の中には，無作為抽出を「適当」「でたらめ」などと誤って理解している場合があります。また，「勘」や「無意図」であっても偏りが生じる可能性があることを理解していない可能性もあります。そのため，個人思考・集団思考の場面では，Before のように無作為抽出の仕方について「乱数さいを利用しよう」とお下げ渡しするのではなく，「どのようにページは選べばいいだろうか？」と生徒に問います。

ペアトークをする中で，「パラパラとめくって適当にページを選べばいい」という声を拾い（いなければ教師があたかもその発言があったかのように振る舞う），「パラパラとめくって適当にページを選べばいいという発言があったけれども，その方法は無作為抽出することになるかな？」と全体に問います。この発問により，パラパラとめくってページを決めることには選ぶ人の意図が少なからず影響するため，ページが真ん中あたりに偏ってしまったり，極端に前の方や後ろの方のページが出なかったりする可能性について検討する生徒の姿を引き出します。

T　パラパラとめくってページを決めることは無作為抽出したことになるかな？

S　適当に選んでいるのでいいと思います。

S　開いたページに見出し語がどれくらいあるかわからず決めるから，いいと思います。

T　本当に偏りが出ないといいきれますか？

S　真ん中あたりに偏りそうな気がします。

S　最初や最後のページの方は，意識しないと選ばれないのではないかと思います。

T　試しに一度やってみましょう。

選んだページを全体で確認する。

T　選ばれたページに何か特徴はありませんか？

S　真ん中あたりに偏ってページが出ています。

T　(極端に前や後ろの方のページになったペアに)意識せずにそのページになりましたか？

S　真ん中にならないように意識してページを選んだかもしれません。

無作為抽出の意味について確認する。

③標本を大きくして再実験

Before のように最初から「標本の大きさを変えて実験しよう」としてしまうと標本の大きさから母集団の傾向を推測する実験が受け身になってしまいます。そこで，一度，標本調査を行った後，結果のバラつきについて問うことによって，標本を大きくして再実験をする必要感を引き出します。

国語辞典の見出し語の数は，１ページあたりのバラつきがあまり大きくはないので調査結果の誤差はあまり大きくはならないことが考えられますが，標本を大きくすることによってより正確に全体の傾向を推測することができます。生徒は，「標本調査による数値は推測されたものではあるが，ある程度まとまっていなければ信用できるものではない」と感じてしまうので，標本を大きくした実験を行い，調査結果の誤差が小さくなっていく体験をさせることが大切です。

T　見出し語の総数が，グループごとに異なってしまったのはどうしてだろうか？

S　調べたページがグループごとに異なるから。

S　ページごとに見出し語の数が異なるから。

T　より正確に母集団の傾向を把握するためには，どうするといいだろうか？

S　標本の大きさを大きくするといいのではないでしょうか。

T　なるほど。それでは標本の大きさをどのくらいにしますか？　100とか200にしますか？

S　それは大変なので，もう少し，少ない標本がいいと思います。

実際に10のときの実験を行う。

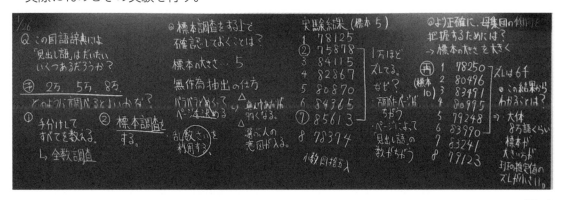

（野口）

【編著者紹介】 ※第1章執筆

早勢　裕明（はやせ　ひろあき）

昭和37年生まれ
北海道教育大学旭川分校卒業／北海道教育大学大学院修了
北海道の公立小学校教諭を経て
平成14年から北海道教育庁教育局指導主事・指導班主査
平成23年から北海道教育大学准教授（釧路校）
平成28年から北海道教育大学教授（釧路校）
平成30年から北海道教育大学附属釧路中学校長を兼務

【執筆者紹介】 ※第2章執筆

柴田　尚文（しばた　なおふみ）
北海道釧路市立鳥取西中学校教諭

後藤　雅裕（ごとう　まさひろ）
北海道白糠町立庶路学園教諭

若松　拓郎（わかまつ　たくろう）
北海道北見市立南中学校教諭

野口　朝央（のぐち　のりひさ）
北海道教育大学附属釧路中学校教諭

下山　智之（しもやま　ともゆき）
北海道釧路市立大楽毛中学校教諭

赤本　純基（あかもと　じゅんき）
北海道教育大学附属釧路中学校教諭

中学校数学サポートBOOKS
中学校数学科　Before&After 指導案でみる
実践！全単元の「問題解決の授業」

2020年2月初版第1刷刊　Ⓒ編著者　早　勢　裕　明
　　　　　　　　　　　　発行者　藤　原　光　政
　　　　　　　　　　　　発行所　明治図書出版株式会社
　　　　　　　　　　　　http://www.meijitosho.co.jp
　　　　　　　　　（企画）赤木恭平（校正）㈱APERTO
　　　　　　　　　〒114-0023　東京都北区滝野川7-46-1
　　　　　　　　　振替00160-5-151318　電話03(5907)6702
　　　　　　　　　　　　ご注文窓口　電話03(5907)6668
＊検印省略　　　　　　組版所　株　式　会　社　カ　シ　ヨ

Printed in Japan　　　　　　　ISBN978-4-18-304416-7
もれなくクーポンがもらえる！読者アンケートはこちらから →